DAIBOUCHOU式

# 新・サイクル投資法

DAIBOUCHOU・著

宝島社

# はじめに

みなさん、はじめまして。ＤＡＩＢＯＵＣＨＯＵと申します。

私は２０００年5月、２００万円を元手に投資生活をスタート。その後、5年半で10億円にまで資産を膨らませました。普通のサラリーマンを続けていたら、決して手に入れることのできなかった大金を手に入れたわけです。現在も約6億円の資産を持っています。

そこまで稼いでいながら、なぜわざわざ自らの投資方法を明かす必要があるのか。黙って自分だけ稼いでいるほうがいいのではないか。そんなふうに思われる方も少なくないでしょう。しかし、その考えはちょっと間違っていると思います。

株式市場はギャンブル場ではありません。あくまで投資の場であり、投資とは優良な投資先にお金を預けることによって、後に大きなリターンを期待するというものです。つまり、みんなが幸せになれる仕組みになっています。誰かの負け分を奪い合うギャンブルとは、そこが決定的に違います。ＤＡＩＢＯＵＣＨＯＵ式の投資方法を明かすことで、より多くの人が儲けることができれば、私自身も儲かり、結果的に株式市場全体も盛り上がる。「Ｗｉｎ-Ｗｉｎ」の関係が築けるわけです。

もちろん、周囲の投資家が未熟なおかげで儲かることがあるのも事実です。すべての投資家が優良企業を瞬時に評価できるようになったら、私としては儲けの余地がそれだけ薄くなります。毎日、頻繁に取引してくれるデイトレーダーがいなければ流動性が確保されず、売買しにくくなりますし、チャートや移動平均線、ローソク足などを見るテクニカル重視の投資家が好業績企業を売却してくれなければ、割安に購入できるチャンスが減っていきます。

しかし、そうした市場の未熟さを狙った儲け方は、私としても本意ではありませんし、せっかく投資に興味を持った人たちが不適切な投資方法を盲信したばかりに損をしてしまうというのも、長期的な市場の活性化という面では好ましいことではありません。

偉大な投資家として有名なウォーレン・バフェットやピーター・リンチは、自らの投資方法を隠すようなことはしませんでした。むしろ、積極的に公開することで世界の投資家のレベルを上げ、市場の成熟に貢献していました。彼らを尊敬する1人として、私も自分の投資方法を公開しようと思った次第です。ぜひこれを読んでいるあなたにも株式市場で儲けてもらって、みんなが幸せになれるような環境ができればいいと思っています。

株式投資は、正反対の意見でもそれぞれに成功者がいて、正解がハッキリしません。正解が1つで、それを覚えればいいような勉強に比べて、混乱しやすいです。大事なのは、投資法自体よりも、私がどのように考えて、その投資法に至ったのか、その思考のプロセスです。ぜひ、単に銘柄や投資法をマネするのではなく、株式投資への考え方自体を学んで、自分自身の判断に役立ててほしいと思います。

また本書は、私の株式投資の経験談が中心であり、私にとって最適でも、読者のあなたにとって最適とは限りません。難病を治す特効薬は、ときとして劇薬になります。あくまで、私自身の経験のすべてを話すことをモットーにしているので、私が実際に使った信用取引の過激な活用法も遠慮なく説明しています。特にギャンブラー気質がある方には、信用取引は危険でしょう。しっかり投資資金を増やす勇気の大切さがわかれば十分です。

何のためにお金を儲けるのか。

これは投資を行う際に、きちんと考えておかなければならない問題です。ただ漠然と「お金が欲しい」という気持ちだけでは、意欲を持続させることは困難だからです。私自身、パソコン営業のサラリーマンをやりながら投資をスタートしましたが、そのことは身をもって感じてきました。

株式投資というのは、とにかく労力を要します。テレビや新聞、雑誌、インターネットなど、各種メディアから膨大な量の情報を収集しなければなりませんし、企業の事業内容や業績を細かく分析する時間も必要です。お金を儲ける目的が曖昧なまま、仕事の合間を使ってこうした面倒な作業を続けていくと、いつしか心身両面への負担となり、「適当に株を選んで適当に売る」という流れに陥りがちになります。すると当然、損をする確率が高くなります。お金を儲けるという当初の目的から考えれば、真逆の行動を取ってしまうわけです。これでは意味がありません。

私の場合は、一貫して「脱サラして自由に生活したい」という目標を掲げていました。スポーツや芸能の才能、誰もが驚く起業アイデアでも持っていれば、それほど難しくはない目標かもしれません。が、私は残念なことにそれらを持ち合わせていませんでした。特殊な能力がないからこそ、サラリーマンをやっていたわけです。

では、どうすればいいのかを考え、結局、株式投資以外の方法はないという結論に至りました。目標は約1億5000万円。その数字を達成した時点で希望通りサラリーマンを辞め、その後、悠々自適な生活を送っていますが、ここまでになれたのも自分のなかで決めた目標に向かってモチベーションを保つことができたからだと思っています。

日本には昔から「清貧の美徳」という言葉があります。

清貧とは、私欲を捨てて正しい行いをしているために生活が貧しいという意味です。これを美徳と捉えること自体は、間違っているとは思いません。ただ、その価値観を重要視し過ぎるために「お金＝悪」と考えてしまっている人があまりに多いのではないか、という感じはします。

当たり前のことですが、お金を儲けることと正しい行いをすることに、直接的なつながりはありません。どちらかといえば、お金がないせいで正しい行いができなくなることのほうが多いような気がします。私は自分が儲けたお金の最低1パーセントは寄付することにしていますが、もし自分が生活するだけで精一杯であればそんな考えは起きないでしょう。お金が十分にないために、働く時間が増え、親孝行や家族サービスをするヒマがないという人も大勢いると思います。

あらためて言いますが、お金を求めることは恥ずかしいことではありません。目標を決め、そのために必要なお金に対する執着心を持つ。これが投資家として出発する最低の条件です。お金に対する思いが足りなかったばかりに、投資のチャンスを生かしきれなかった、中途半端に投げ出してしまった、という話は枚挙に暇《いとま》がありません。

自分は何を目指し、いくら儲ければいいのか。その目標を具体的に思い浮かべながら、本書を読み進めていただければと思います。

DAIBOUCHOU式

# 新・サイクル投資法

目次

はじめに　2

# 第1章 DAIBOUCHOU式 投資方法と銘柄選び

## 株式投資成功への方程式　16

なぜ株式投資を選ぶのか／投資信託のプロと投資のプロは違う／不動産投資は億の資産を持つ人向け／商品先物取引はゼロサムゲームでしかない／やはりベストは株式投資／割安の成長株を見極める／本当の割安株とは／収益力を重視して成長株を探す／不人気業種には成長株が眠っている

## 大膨張を引き起こした3大要素　32

すべての成長株を買うのは不可能／プロの個人投資家はこれ！～セクター集中投資／同じセクターでの分散～関連株分散投資／運用効率を上げて大膨張～信用レバレッジ投資／意識変革がもたらした超分散投資

**割安成長株の扱い方** 39
注目すべきは指標ではなくビジネスモデル／自分が作ったルールが敗因だった／個人投資家だから「待てる」／発注(約定)は「1円」に気を配る

**DAIBOUCHOUの投資履歴** 45
最初の200万円はトヨタカローラ岐阜／不人気業種でサミーに出会う／割安感から選んだ不動産株投資／信用取引で1年で20倍／いきなり1億5000万円もの損失／サラリーマンを辞め、個人投資家へ／ライブドア・ショックで資産が半減／弱気になり、すべての資産を現金化／不動産とアメリカ社債に投資する／物件の工夫に必死だった1年間／原点に立ち返り、株式投資へ復帰／株主優待株にセクター投資／ドラッグストア株へセクター移行／株仲間たちと出会い、刺激を受ける／信用取引再開が〝再膨張〟のきっかけ

## 第2章 時代別ポートフォリオ 10億円達成までの道のり

**アセットアロケーションの定義** 62
すべての銘柄は買えない／株式投資の方程式／差損益ゼロでは意味がない／究極のポートフォリオを目指して

資産別ポートフォリオの分析❶ 200万円時代 68
暴落相場の分散投資

資産別ポートフォリオの分析❷ 400万円時代 70
集中投資を覚える

資産別ポートフォリオの分析❸ 信用取引開始時代 72
1対2の高レバレッジで1年に20倍の「大膨張」

資産別ポートフォリオの分析❹ 1億円突破時代 74
不動産、流動化、投資銀行の三本柱

資産別ポートフォリオの分析❺ 10億円達成時代 76
主要5銘柄に集中させる／大事なのは配分の強弱／現物はベスト銘柄だけにする／キャッシュは持たない

# 第3章 時代別ポートフォリオ 攻守最強の布陣を目指す


資産別ポートフォリオの分析❻ 優待株時代 82
現在のDAIBOUCHOUができるまで／不動産流動化株を見切った理由／中国のインフラ関係を狙う／中国に続き、ベトナムへ投資／優待株メインのポートフォリオ／手堅い日本社宅サービス

資産別ポートフォリオの分析❼ ドラッグストア株時代 89
東北に展開する薬王堂／深夜のパリで株取引をする／トータル的にアメリカ株は失敗／ドラッグストアへの投資をやめる

2018年現在のポートフォリオ大公開 95
頭を悩ませる分散と集中／韓国や中国にも投資していた／信用取引のルールを変更／大暴落したウェッジホールディングス／上昇相場で取り残されるのは最悪／長い付き合いのギガプライズ／悔しかったペッパーフードサービス／短期売買して助かったネクシィーズ／急騰と急落を見せたアキュセラ・インク／上方修正予想が当たったインフォコム／ヒット商品を開発した相模ゴム工業／想像以上にすごい会社だったアバント／悪材料を狙って買った神戸物産／熊本地震のときにアメイズを購入／トランクルームのパルマとエリアリンク／一見、地味などジネスブレイン太田昭和／DAIBOUCHOUの現状分析／最近、気になっている銘柄

# 第4章 DAIBOUCHOU式 情報収集・分析術


## 低PBR・低PER分析法 116

成長株は必ず見つかる／注意したいPERの考え方／PERは時間も重要／スクリーニングは土台作り

## 狙い目企業の情報収集 122

決算書よりビジネスモデル／成長株投資は「人材」が重要／求人情報は貴重な情報源／株主総会、会社説明会に足を運ぶ

## 日常生活のなかでの情報収集 128

『会社四季報』は最高のニュースソース／ビジネスモデル主体の投資法が学べる書籍／初心者は注意が必要なSNS／メモ代わりに1単位だけ注文する／サラリーマンは仕事から情報を得られる

## 難しい判断の決定 136

益出しルールは設けない／株式分割は好材料か

# 第5章 DAIBOUCHOU式 信用取引術


信用取引の基礎知識 140
大膨張に信用取引は不可欠／信用取引の仕組み／金利&手数料にも気配りを

信用取引 実践編 145
証券会社の手数料にもバラつきがある／レバレッジの計算の仕方／回転レバレッジのスゴさ／危険なのはやはり「追証」／踏み上げ相場も考慮／破産は現実に起こる

信用取引のケーススタディ 157
追証は誰でも恐ろしい／売買はなるべく信用取引を使う／税金を取られ過ぎないために／資産膨張率とレバレッジ

DAIBOUCHOU 株式投資年表 162

おわりに 166


本書は株式投資のノウハウを提供していますが、特定の銘柄は推奨していません。銘柄名が出ている場合も、銘柄を選択するヒントを説明しているだけで、その銘柄を推奨しているわけではありません。投資にあたってのあらゆる意思決定、最終判断、実際の売買はご自身の責任において行われますようお願いいたします。投資による損失については、株式会社宝島社および著者・スタッフは一切責任を負いません。

第1章

DAIBOUCHOU式

# 投資方法と銘柄選び

# 株式投資成功への方程式

## なぜ株式投資を選ぶのか

私が得意とする投資手法をひと言で説明するなら、ズバリ「割安の株を中・長期保有する」というものです。

成長株というと、楽天やヤフーなど誰が聞いてもそれとわかる銘柄をイメージしがちですが、それでは割安感は得られません。成長株であるという世間のコンセンサスができ上がってしまっているからです。当然、そこからさらに評価を上げることは困難です。

そうではなく、世の中はまだあまり気付いてはいないが、成長する要素が多分にあり、なおかつ割安になっている銘柄。これを狙い撃ちするわけです。

そんなことができるのかとお思いでしょうが、できなければ２００６年当時、投資歴５年半で資産５００倍などという数字は達成できませんでした。

私がなぜ数ある投資のなかから株を選び、みなさんにオススメするのか。まずはその理由から、他の投資との比較を交えつつ、順を追って説明していきましょう。

## 投資信託のプロと投資のプロは違う

投資信託については、私もときどき手を出してきました。念のために説明しておくと、投資信託というのは投資家から集めた資金を専門家が運用し、成果に応じて収益を分配する金融商品のことです。つまり、プロが運用するという点が一番のセールスポイントになっています。

ところが私に言わせれば、ここで言うプロとは、投資信託のプロであり、投資のプロではないような気がします。どういうことか。例えばＴＯＰＩＸ（トピックス）連動の投資信託があったとします。このとき、投資信託のプロは絶対にＴＯＰＩＸと連動した運用をしなければなりません。ＴＯＰＩＸとまったく関係のない急騰や暴落をさせた場合、プロ失格の烙印を押されます。彼らがもっとも重要視するのは、投資信託のプロとしての位置付けです。

実際、多くの個人投資家よりもパフォーマンス（成績）の悪い運用をしているプロはたくさんいますし、彼らに投資するぐらいなら優秀な個人投資家が買っている銘柄をマネしたほうが儲かるケースもたくさんあると思います。

それと、投資信託は申し込みや解約時の手数料のほか、信託報酬という手数料が取られます。これは毎日ファンドから差し引かれて計算されるため、投資家にとっては非常に見えにくい手数料になっています。通常は純資産の1～2パーセントですが、これが投資効率を左右することもあるので、注意したほうがいいと思います。

## 不動産投資は億の資産を持つ人向け

アパートやマンションなどの物件を購入し、賃貸・売却料を狙う不動産投資（不動産信託）は、お金を儲ける手段としては悪くありません。しかし、それはあくまで億単位の資産を持つ人たちにとっての話です。数百万円の資産でチャレンジするためには、あまりにリスクが大き過ぎると言わざるを得ません。私も現在、港区に投資用のマンションを1棟、所有していますが、購入したのは億以上の資産を手に入れてからでした。

不動産投資には、住宅ローンが必要になるため、金利リスクが伴います。そこから空き室リスク、地価下落のリスク、維持費用のリスクなど、常に不安が付きまといます。

専門的な知識も必要です。地価相場や近隣の環境条件を把握していなければ、投資として魅力的な物件かどうかもわかりませんし、もし万が一、欠陥物件だった場合、目も当てられない状況に陥ります。今から10年以上前、2005年に耐震偽装問題が世間を騒がせましたが、あれも素人が一見してわかるような物件だったら誰も入居していないわけですから、本当にどこに落とし穴があるかわかりません。

よく家賃収入をベースに1年の利回りを計算する人がいますが、不動産投資というのは本来10~20年という時間軸で考えるべきもの。その間、簡単に売り買いできない商品であることを考えると、やはり安易に手を出すべきではないと思います。

そもそも、不動産投資は物件規模が大きく、保有物件数が多いほど、コストパフォーマンスがよくなる、という性格を持っています。10戸しかないアパートよりも200戸あるマンションのほうが、1戸当たりの管理費用を抑えることができ、効率的ですし、1棟だけ保有しているよりも10棟保有している人のほうが、空き室リスクなどが軽減されるからです。

どちらにしても投資初心者が手を出すべきものではないと考えます。

## 商品先物取引はゼロサムゲームでしかない

ある商品に対し、将来の一定期日までに代金と現物の受け渡しを約束する。これが商品先物取引の基本ルールです。そして、受け渡しの期日までの価格変動を利用し、反対売買によって差益を得る、という仕組みになっています。

値動きを見極め、売買するという点においては株と似た印象を受けますが、その本質は

## 株式以外の投資に対する分析

### 投資信託

「プロが運用する」というのがウリだが、個人投資家よりも
パフォーマンスの悪い運用をしているプロが多過ぎる。
信託報酬などの手数料がデメリットとなる。

### 不動産信託

1億円以上の資産を持っている人なら悪くはないが、
数百万円で始めるにはローン金利がバカにならない。
空き室、地価下落、管理維持などリスクも大きい。

### 商品先物取引

基本的にゼロサムゲーム。
株式投資のように投資先が倍々成長していくような
ことがなく、旨味が少ない。

DAIBOUCHOU's
COMMENT

世の中には
株式以外にもいろいろな
投資があるけれど、
どれも投資初心者が
気軽に始められるような
ものではありません。

かなり異なります。

株式投資であれば、利益1億円の会社の株が、2億円、3億円……と成長していくことはありますが、原油1ガロンは2ガロンや3ガロンにはなりません。小豆であれ、小麦であれ、投資対象の量が変化しない以上、儲けるためには需給状況から値動きを読み取るしかありません。

それをするには、商品についてよほど詳しい知識がないとムリでしょう。

運よく予想が当たったとしても、それは誰かが読み違えて価格を動かしてしまった結果です。株式投資のように、投資先の企業がその資金を使って利益を生み出し、投資した人すべてが儲けるという夢が、商品先物取引にはありません。

基本的にゼロサムゲームでしかないからです。

## やはりベストは株式投資

このほか債券や個人年金、外貨預金など、数多くの運用方法が世の中にありますが、やはり株式投資を私は推奨します。数百万円の資産規模でも、十分に勝負できるからです。

株式投資では、1株でも1億株でも同じように株価変動の影響を受けます。不動産投資のように、投資資金が大きい人のほうが飛躍的に条件がよくなるということはありません。

資産の大きい人も小さい人も、投資金額に比例して儲かり、損をします。

むしろ資産が大き過ぎることにより、投資先が限定されたり、乗り換えが困難になる、ということが起きます。これは私も億単位の資産を運用するようになってから気が付いたことなのですが、安過ぎて買えないということが実際にあるのです。安直に手を出したことによって受ける被害も大きいので、儲けの比率は資産の少ない人と同じでも、精神的なショックは大きくなります。

そういったことも含めて、株式投資は相対的に、資産規模の小さい人たちにとって、有利な投資法と言えると思います。

手数料についても、インターネット取引が充実していったことにより、以前では考えられないほど安くなりました（ただし、投資資金が少な過ぎると相対的に割高になってしまいます）。ツールの利便性向上、情報ソースの拡充、国内景気の回復と、初心者が始めやすい環境も整っています。たまに「今の相場なら誰でも勝てる」と豪語する人がいますが、それもあながち嘘とは言えない雰囲気が、今の日本にはあります。

もしあなたに今、１００万円単位の資産があるなら、株式投資にチャレンジしてみるべきだと思います。もしなければ、贅沢を控えてでも貯めたほうがいい。私なら絶対にそうします。

# 株式投資の魅力

## 1株でも1億株でも影響力は同じ!

**株価の変動** → 1株持っている人が100円から110円になっても、1億株持っている人が100円から110円になっても、利益率は同じ10%

**1株** → 100円に対し10円

**1億株** → 100億円に対し10億円

**利益率 10%**

| | |
|---|---|
| インターネット証券の手数料競争 | ツールの利便性向上 |
| 情報ソースの拡充 | 国内景気の回復 |

DAIBOUCHOU's COMMENT

さまざまな条件を考えてみても、やっぱり今は株式に投資するのが一番!

## 割安の成長株を見極める

割安株を見つけるためには、まず株価の高い・安いを判断する基準が必要です。単に1株当たりいくらという比較では、株価の本当の価値を知ることができないからです。

株価を比べるとき、すべての基準となるのが時価総額です。株価×発行株式数という計算式で導き出されます。これを使えば、簡単には比べられない業種・企業でも同軸上で扱うことができ、大変重宝します。

わかりやすいところで、大手老舗メディアであるテレビと、新興メディアであるインターネットの比較を時価総額で行ってみます。

2018年5月28日時点で、フジ・メディア・ホールディングスの時価総額は約4400億円。日本テレビホールディングスが約5000億円、東京放送（TBS）ホールディングスが約4100億円、テレビ朝日ホールディングスが約2500億円となっています。インターネットの代表企業であるヤフーは、1社だけでなんと約2兆2500億円もあります。

在京4局をすべて足しても（約1兆6000億円）、一インターネット企業に負けてしまっているわけです。

## 時価総額で企業の値段がわかる!

**時価総額 ＝ 株価 × 発行株式数**

**テレビ**

| | |
|---|---|
| フジ・メディア・ホールディングス | 約4400億円 |
| 日本テレビホールディングス | 約5000億円 |
| 東京放送（TBS）ホールディングス | 約4100億円 |
| テレビ朝日ホールディングス | 約2500億円 |
| 合計 | 約1兆6000億円 |

＜

**インターネット**

ヤフー
（Yahoo Japan）

約2兆2500億円

**在京キー局4社よりも、**
**ヤフー1社のほうが**
**時価総額ははるかに大きい!**

DAIBOUCHOU's
COMMENT

時価総額を計算すれば、
簡単に比べられない
会社同士でも、
すぐに比較することが
できます。

これが時価総額のすごさです。

インターネットが一般に普及した現在でも、世間的にはまだまだテレビのほうがインターネットよりも格上のメディアのように扱われています。しかし、株式相場はとっくにそうは見ていない。インターネットの収益性や事業展望のほうがテレビよりも優れていると評価しているのです。

これを妥当だと思えばヤフー株を買えばいいし、不当だと思えばテレビ局株を買えばいい。歴史、事業内容、資産形態も異なる企業でもすぐに比べることができる。時価総額を大いに活用してください。

## 本当の割安株とは

株の割安感を重視して投資する方法をバリュー投資といいます。時価総額よりもさらに細かい指標を用いて、現時点での株価がその会社にとって適正であるかどうかを判断し、市場が過小評価している銘柄を購入していくやり方です。決算書の見方や収益率の考え方など、成長株判定につながる下地を学ぶことができるので、初心者にもぜひやってもらいたい手法です。

私も株式投資のスタート時は低ＰＢＲ株や低ＰＥＲ株を目安にバリュー投資をやって

## PBRとPERの計算式

（Price Book-value Ratio＝株価純資産倍率）

**PBR ＝株価÷1株当たりの純資産**

1株当たりの純資産＝（資産－負債）÷発行株式数

（Price Earnings Ratio＝株価収益率）

**PER ＝株価÷1株当たりの純利益**

1株当たりの純利益＝純利益÷発行株式数

DAIBOUCHOU's
COMMENT
割安株を見つけるには
PBRとPERを使うのが
一般的です。
この2つの計算方法は
よく使うので
覚えておきましょう。

いました。ＰＢＲ、ＰＥＲというのは、バリュー投資に使われる一般的な指標です。企業の財務体質や資産内容をベースに算出されるのがＰＢＲ（Price Book-value Ratio＝株価純資産倍率）、収益力をベースに算出されるのがＰＥＲ（Price Earnings Ratio＝株価収益率）です。前者が低いようであれば純資産に比べて株価が低い、後者が低いようであれば収益力に比べて株価が低い銘柄であるということがわかります。

どちらも割安株を見つけ出すためには大事な指標ですが、最初はＰＢＲから始めるのがいいでしょう。利益よりも資産のほうが変化が緩やかだからです。利益は景気の影響で簡単に上下し、突然赤字になったりします。資産はそこまでの極端な乱高下は起きにくい。低ＰＢＲ株の割安感を自分で判断できるようになったら、収益性や成長性を考えていくというのが道筋としては正しいと思います。

低ＰＢＲ株、低ＰＥＲ株の探し方については第4章でお話しします。

## 収益力を重視して成長株を探す

割安株の見分けが付くようになったら、今度はその割安株のなかで成長していく銘柄を選別していきます。このとき、もっとも重視したいのが収益力です。

上場株の評価はその企業の収益力によって判断されることが極めて多く、いかに事業が成功しようともそれが収益力となって表れていなければ、株価の急成長はなかなか見込めないというのが現状です。低ＰＢＲ株から始めて、慣れてきたら低ＰＥＲ株に移行したほうがいいという話も、この収益力を読み取る能力を最終的に身に付けてほしいからです。

成長株にとって重要なのは、利益が毎年増えていく、利益率が高くなっていく、という2点です。こうした業績を発表している企業は株式指標がよくなり、市場の評価も上がります。そうすれば当然、株価は高くなっていきます。

ただし、裏付けは絶対に必要です。企業のＩＲ（Investor Relations＝投資家向け情報）などを分析して、なぜ利益が増え、利益率が高くなったのか、自分なりに分析して結論が出せるようでないと本物の成長株を見つけたとは言えません。もし儲けが出たとしても、それを続けていける可能性はかなり低いからです。

原価を安くしたから利益が増えたのか、それとも人件費を削ったからなのか。ブランド力が付いて小売評価が上がった、宣伝広告の効果が表れた、新規事業が当たった……収益力が上がる要素は企業によって千差万別です。

なるべく効果的で永続的な収益力強化を図っている企業を割安で買うように心がけましょう。

## 不人気業種には成長株が眠っている

楽天やヤフーのようなわかりやすい成長株は、割安感がないというお話はすでにしました。儲けるためには、わかりにくい成長株を探さなければならないわけです。が、これはもちろん口で言うほど簡単なことではありません。〝大膨張〟を起こしてくれそうな期待感を持ち、なおかつほかの人があまり気にかけていない銘柄を見つける。これは難問です。

私はあえて株式市場の不人気業種を投資先に選ぶことで、この問題の解決に成功しました。初めてその方法が正しいとわかったのは、パチンコ業界でした。サミー（現：セガサミーホールディングス）という会社がパチスロ機をヒットさせ、業績が急成長していったのですが、株価は割安に放置されたままだったのです。別に私自身、特別なネットワークがあったわけでもなく、おそらくパチスロファンなら誰でもサミーの製品がヒットしていることは知っていたはずです。それでも株価にはすぐに跳ね返ってこなかった。パチンコ産業が株式市場の不人気業種だったからです。

こうした事象は、頻繁とまではいえないものの、よく起こります。多くの人がその情報を持っているにもかかわらず、それを実際の調査行動に起こせないまま終わる。みすみすチャンスを逃しているわけです。

私は以前、ＰＲＩＤＥやハッスルといった格闘技を観戦するのが好きだったのですが、格闘家と投資家は非常に似ていると思います。格闘家たちはたった1つの戦いのために、何カ月も辛い練習を積み重ねます。リングで華やかな脚光を浴びる一瞬のために、誰も見ていないところで膨大な量の汗をかき続ける。投資家も同じです。たった1つの銘柄のために、どれだけ地道な作業を続け、汗をかけるか。それが勝者と敗者を分けます。仮に負けたとしても、そこまで努力をしていれば、必ず得るものがあります。次につながる負け、明日の大きな勝利を手にするための敗北になるのです。ただ適当にやっているだけでは、負けて得るものなど何もありません。時間と労力、お金をムダに垂れ流すだけです。

また、最近は嵐のライブを観るのも趣味の1つです。メンバーの大野智さんは一見すると外見は普通だし、口もあまり達者なほうではありません。しかし、歌やダンスの実力はすごくて、聴き惚れるファンが多数います。でも、歌やダンスは、実際に聞いたり、見たりしなければわかりません。株式投資でも、大野さんのようなぱっと見ではわかりにくいけれども、実際に調べることでわかる隠れた実力を持つ会社は多いです。そして、その実力が明らかになるにつれて、株価も上昇するわけです。まさに〝大野智銘柄〟といえます。

株を買ってから、価格変動に一喜一憂するのではなく、「自分はやるだけのことはやった。あとは信じるのみ！」と言えるまで、調査する姿勢を大事にしてほしいと思います。

# 大膨張を引き起こした3大要素

## すべての成長株を買うのは不可能

割安成長株のメリットについてはわかっていただけたかと思いますが、実際にはすべてのセクター（分野）の割安成長株を1人の投資家が網羅するというのは不可能です。

というわけで、私が現在につながる〝大膨張〟を起こす直接のきっかけとなった要素、すなわち「セクターへの集中投資」、「関連株への分散投資」、「信用取引の導入」の3つについて、ポイントを挙げていきます。

## プロの個人投資家はこれ！～セクター集中投資

投資に興味のある人なら、〝分散投資〟という言葉を必ず耳にしたことがあるはずです。「投資先を分散してリスクを回避せよ」という考え方です。そのこと自体には私も大賛成ですし、事実、現在も〝超〟が付くほどの分散投資を行っています。

が、世の中には、この分散投資という言葉の意味をちょっと取り違えてしまっている人もいるようです。

分散投資というのは、何も株式投資も投資信託も外資信託も全部やりなさい、ということではありません。働きながら投資を始めようという人が、いろいろな投資をしても、時間がなくて全部中途半端になるのがオチです。

何度でも言いますが、投資の目的はお金を儲けることです。中途半端にたくさん負けるぐらいなら、1つの土俵＝セクターで勝つことを考えるべき。そのなかで、分散投資を行えばいいのです。

特定のセクターだけで勝負できるというのは、じつは個人投資家の強みでもあります。このセクター、この銘柄については誰にも負けないという土俵を組むことができれば、勝ち続けることも不可能ではないからです。

私の場合、それは不動産セクターでした。前述した不人気業種に当たりますが、この分野に関しては長年、絶対の自信を持ってきましたし、今でも日々の勉強を欠かさずに過ごしています。

こうした特定セクターへの集中的な思い入れが、プロにはなかなかできません。市場全体についての広い知識を求められるからです。どれだけ得意なセクターを持っていようとも、東証の主要銘柄を知らないプロなど世間では相手にされません。

野球で言えば、プロ野球ファンと解説者のような関係でしょうか。一ファンであれば自分の好きな球団、好きな選手を応援しているだけで野球を楽しむことができますが、プロである解説者は12球団すべてに通じていなければ仕事になりません。パ・リーグ出身の解説者だからといって、セ・リーグの有名選手を知らないということは許されないからです。

株式投資というのは、ある球団の一選手の今後を予想していくような作業です。12球団すべてに通じている必要などありません。プロの解説者よりも優れた予想を出せるファンは大勢います。要はどれだけ熱狂的なファンになれるかです。

投資のプロのマネをしたアマチュアになるよりも、プロフェッショナルな個人投資家になることを目指してください。

## 同じセクターでの分散〜関連株分散投資

資産の大膨張を狙う際、セクターへの集中投資が大事だということは理解してもらえたと思います。その上で、分散投資が必要ということになるわけですが、私はなるべく同じセクター内の関連株に分散するようにしています。そのほうが自分の得た知識や情報を応用しやすくなるからです。

私が最初に発見した不動産関連株は、アーネストワンという会社でした。同社は、マンション・一戸建てを扱うデベロッパーですが、これがうまくいったおかげで、同業種の同じような銘柄、フージャースコーポレーション（現：フージャースホールディングス）やファースト住建を見つけることができました。

私が10億円を達成した頃の主力の株は不動産流動化銘柄と呼ばれるものでしたが、この不動産流動化にシフトできたのも、アーネストワンやフージャースコーポレーションなどへの投資で得た知識と経験があったからです。先程のプロ野球の例で言えば、一球団に絞って分析していくことで、一般にはあまり知られていないベンチの実力者や、若手の成長株も早期発見できるというわけです。

## 運用効率を上げて大膨張～信用レバレッジ投資

同じセクター内とはいえ、分散投資を行うと儲けに〝漏れ〟が出てくるというジレンマが生じます。

仮に総資産が500万円あったとしましょう。そのうち、400万円を1つの銘柄に集中させてしまうと、別の銘柄で儲かる比率が下がってしまいます。逆もまたしかりです。ならばと250万円ずつに分散してしまうと、今度は全体の儲かる比率が下がる可能性が出ます。

## 資産の大膨張はこうして起こす!

### セクター集中投資

このセクター（分野）なら絶対に負けない、という土俵を作る。プロは極端に特化した投資ができないので、チャンスが生まれる!

### 関連株分散投資

リスク回避の分散投資は、なるべく同じセクター内で行う。セクター全体が上昇トレンドに乗れば、大儲けの期待大!!

### 信用レバレッジ投資

信用取引を使って、儲けを倍増させる。
投資金額を広く浅くしてしまうことで、
儲けが漏れていくのを防ぐ!

DAIBOUCHOU's COMMENT

これが
DAIBOUCHOU式
サイクル投資法の極意なり。
市場の流れに乗じて、
セクターを
乗り換えていくのが
ポイントです。

このジレンマを解消するために始めたのが、信用取引でした。500万円を信用取引で1000万円にすれば、集中投資と分散投資を両立させられると考えたわけです。そして実際には、2倍、3倍とレバレッジ（テコの作用）を高くして、運用効率を上げていきました。

もちろんこの方法は動かせる金額が大きくなる分、リスクも増大します。しかし10億円に向かって大膨張していた当時、私が持っていた株は予想通りの上昇気流に乗っていましたので、信用取引のリスクよりも資産規模拡大のメリットのほうが大きいと判断しました。ここは結構、大事な部分です。現時点で儲かっていない人が逆転狙いで信用取引に手を出すような使い方は、絶対に避けるべきです。あくまでうまくいっている人が、その効率を伸ばすために使うべきものです。

信用取引の具体的な使い方については、第5章で説明します。

## 意識変革がもたらした超分散投資

「セクターへの集中投資」、「関連株への分散投資」、「信用取引の導入」の3つは、200万円を10億円に大膨張させるために、必要不可欠な要素でした。しかし、今の私が行っている投資は、そこまで強気なものではありません。100銘柄以上を有する超分散投資です。信用取引も、総資産に対して1〜1・5割ぐらいまで抑えるようにしています。この辺りの理由は、しっかりと正直にお話ししたいと思います。

きっかけになったのは、2007年2月の結婚でした。「なんだ、普通だな」と思われるかもしれませんが、就職、結婚、出産は誰にとってもやはり人生の大きな節目です。私も結婚をしたことで、心境が大きく変わりました。

詳しい投資内容については後述していきますが、簡単に言ってしまえば守りの姿勢＝安定志向になったのです。なるべく資産を減らさずに増やしたいなと。

人生のパートナーとなった私の妻は、「ムリに投資して増やさなくても、今の生活が続けられればいい」という考え方でした。私は、なるべく彼女の考えを尊重してあげたいと思いました。もし今も自分1人だったら、たぶん強気な投資を続けていたはずです。

# 割安成長株の扱い方

## 注目すべきは指標ではなくビジネスモデル

前述したように、私の株式投資の基本スタンスは割安成長株への投資です。初心者の頃は低ＰＢＲ株に投資し、現在はそこで養った知識を生かしつつ、さらに利益を重視するＰＥＲを判断材料にして購入銘柄を探し出しています。

その前提として理解しておいてほしいのが、ＰＢＲやＰＥＲはあくまで割安株を見分ける指標であって、成長株かどうかを判定する基準にはならないということです。前年度に急成長した会社が今年になって急落することなど、株の世界では日常茶飯事です。したがって、非常にアナログ的ですが、成長株を確実に見つけるためには、企業のビジネスモデルを自分なりに地道に分析することが重要になってきます。

私が成長株のすごさを初めて実感したのは、前述のサミーでした。パチスロ機種の「獣王」や「アラジン」といったヒット作を連発し、すさまじい業績成長を遂げていた同社は、資産的には割高だったものの、ＰＥＲは低いままという状態が続いていました。それに目を付けた私は、サイトで知り合った友人たちと出荷台数や利益率等のデータを分析。成長株としての裏付けを取っていきました。

この作業をしていたのが、２０００年秋頃です。

株式投資を始めて、まだ1年も経っていませんでしたが、サミーを通していくつか成長株の特色を理解できました。１つは不人気業種でも、予想をはるかに上回る成長株であれば、市場は十分に評価してくれるということ。もう１つは、どんなにいい成長株でもタイミングを逃してしまったら儲けは出ないということです。

そうです。じつはサミー株では経験こそ積めたものの、大した儲けを得られなかったのです。理由は簡単。相場がすでに十分に成熟してしまっていたからです。

相場というものは、大まかに分けて４つの段階があります。第１段階は大口の機関投資家などが仕込みに買うレベル。次に、中小の機関投資家や優れた個人投資家が上がり気配を読み取って買いに入ります。もっとも活況があるのが第3段階で、多くの個人投資家が続々と集まってくる状態。最後に、あまりうまくいっていない投資家が寄ってくるわけですが、この頃にはもう売り抜けしようとする人たちが出てきてしまう。成熟してしまっているというのは、この第４段階に入ってしまっているという意味です。ここで参加しても、旨味はありません。周囲の株仲間が儲けていただけに、悔しさが募りました。

## 自分が作ったルールが敗因だった

サミー株を狙っていた時期は、株式初心者だったということもあり、自分のなかに根拠の薄いルールを勝手に作ってしまっていたという敗因もありました。そのルールとは、投資総額３００万円のうち、１銘柄60万円までの制限を設けるというもの。きっちり分散投資をしようと思っていたわけです。もし最初に、ほかの株を売ってでもサミーを大胆に買い増すことができていれば、その後の値上がりを受け、さらに買い増すという方法も取れたはずです。

後悔は無意味ですが、反省は必要です。ここで得た教訓が、ＤＡＩＢＯＵＣＨＯＵ式の素地を作っていくことになりました。

成長株とはその成長性を市場が評価し、値上がりしていくものです。逆に言えば、驚異的な成長性を維持できなければ、評価が落ち、値も下がります。いくら企業として収益力が上がっていても、その成長力が鈍化しているだけで悪材料になってしまうというコワさを持っているのです。

毎年50パーセント、１００パーセントと高成長を続けていた企業が急に、成長率20パーセントに鈍化したと仮定します。すると、20パーセント成長している堅調な企業になったという評価よりも、成長率が30パーセント、あるいは80パーセント低下してしまった要注意企業という評価のほうが強まる傾向があります。それに伴い、株価も低下してしまうため、企業としては成長を続けているのに、株価が下がっていくという逆転現象が起きます。

個人投資家として培った知識が生かされるのは、こうした場面です。もし、きちんとその企業を分析し、成長性に確たる自信を持てていれば、一時の鈍化に惑わされなくて済みます。ところが「ただ何となく成長していたので買った」というケースだと、株価の低下に耐えられず、売り払いたくなることでしょう。

本物の成長株なら、長期的なスパンで見れば必ず爆発します。心底惚れ込めるだけの銘柄を選び抜けるだけの目を養っていきましょう。

## 個人投資家だから「待てる」

前の話ともつながるのですが、私はそもそも損切りをあまり好みません。見込み違いでその企業自体を誤って判断していた場合は別ですが、購入前に入念な分析をしているので、そうしたケースは稀です。

「業績の変化がないのに損切りをする」というのはテクニカル的な発想であって、バリュー株、成長株の発想ではありません。「損切りができない人はダメ」という意見も多く聞かれますが、私に言わせれば損切りを考えなければならない銘柄を選ぶこと自体に問題があるのです。もしも株価が予想以上の値下がりをしたときは、業績の見込み違いを疑う程度でいいのです。個人投資家の強みは、自分自身が納得していればいくらでも待てるということです。一時的な株価下落は見過ごしてもいい。短期間に結果を求められる機関投資家たちには、この時間的な余裕がありません。すぐに損切りをして、次の株に移行できなければ、自分たちの評価がたちまち下落してしまうからです。

個人投資家だからこそ持てる「待つ」という武器。これを使わない手はありません。

## 発注（約定）は「1円」に気を配る

すでに株式投資をやっている人たちのなかには、利益を確定するための独自ルールを設けている人が多いことでしょう。「買ったときの○○パーセント、株価が上昇したら売り」「○○パーセント下げに転じたら売り」というような感じに。

利益確定をしてキャピタルゲインを得たいという気持ちはもちろんわかりますが、私の場合は、とにかく成長性を重視する投資法なので、そのような明確な数的基準を設けていません。ちょっとした株価の上昇などでは、利益確定をしないのです。売買の判断基準は、あくまで会社の成長性と業績を見極めた結果で決める。利益を考えるのはその後です。

発注をする際には、桁数にも注意するようにしています。例えば、1万株買いたかったら、9000株と1000株に分けて出します。売りのときも同様です。

わざとバラつかせて、買うこともしています。3万株とか一気に注文するようなことはしません。9000株×3回、それに3000株を付け足す、という感じです。私も人間ですから、何となく1万株といった大きな桁数になると心理的にキツい気がしてしまうからです。

それ以外にも、買値や売値などで1円だけ上乗せする方法も取っています。相場では550円で建てている人が多いと思うので、買値を551円にするといった工夫をするわけです。たった1円高いだけで、成行売りの株を拾うことができたということも少なくありません。同様に、売るときは549円と、1円安く出します。

細かい部分だとは思いますが、こうした微妙なところに気を配るだけで思わぬ利益が生まれることもあるのです。

# DAIBOUCHOUの投資履歴

## 最初の200万円はトヨタカローラ岐阜

結果として見れば、投資家として成功を収めてきた私の投資人生ですが、ここまでの道のりは決して順風満帆なものではありませんでした。自分なりに必死に、そのときそのとき最善だと思われる手を考え尽くしてきたつもりです。

私が辿ってきた投資生活を明らかにすることで、ＤＡＩＢＯＵＣＨＯＵ式による投資の意図をみなさんによりわかりやすい形で伝えられればと思い、以下に綴っていきます。しばしお付き合いください。

私が株式投資を始めたのは、２０００年5月からです。それ以前にも外貨ＭＭＦや投資信託などには手を出していたのですが、あまり儲からず株式投資に移行しました。とはいえ、スタート時期としては最悪です。ご存じの通り、２０００年といえばネットバブルが崩壊した年。株式市場全体が暴落相場でした。

投資資金200万円で最初に購入したのはトヨタカローラ岐阜。PBRを重視したスクリーニング（条件を設定し、銘柄を選別すること）で見つけました。それほどの儲けは出ませんでしたが、決算や資産の評価を勉強するいい機会になったと思います。暴落相場をしのぎながらの投資で、結果的に自信にもなりました。

## 不人気業種でサミーに出会う

2000年秋頃に、バリュー投資の流れでサミー株を購入。情報収集も兼ねて、インターネット上のサミー掲示板に出入りするようになりました。そこで出会った株仲間は、今でもとても大切な存在です。

株式投資というのは孤独な作業です。一緒に相談したり励まし合ったりできる仲間がいるということは、それだけでモチベーション維持につながります。自分1人では到底、見つけることのできなかったような情報を教えてもらえるというのも、株仲間がいることのメリットでしょう。現実社会と同じで、より多くの協力者を持つ人のほうが何をするにもうまくいくと思います。

この頃は、いろいろなバリュー株に投資していた時期ですが、一番の失敗はアメリカ株でした。英語の決算書のコワさというか、自分では読んでいるつもりでも十分理解できていなかったのです。

もしサミーに集中投資していればもっと早く大膨張できたことになり、このとき分散投資のメリットとデメリットを感じました。

2001年に入ると、レンタルサーバーなどを扱うEストアーに集中投資を始めます。ところがこのEストアー、売上はあるものの収益が上がらないという実態が決算に表れたため、いったん切り売りしました。売上向上＝収益力アップという図式が必ずしも成立しないことを学びました。

## 割安感から選んだ不動産株投資

不動産株を買い始めたのは2002年の2月頃です。前述した通り、最初に購入したのはアーネストワン。格安住宅を売りに、飛ぶ鳥を落とす勢いの新興デベロッパーがあることを知り、フージャースコーポレーションや日本エスコン、ファースト住建なども購入していきました。

その他、同時期にヤフーやIRI（インターネット総合研究所）、PCデポ（ピーシーデポコーポレーション）といったIT関連銘柄も持っていましたが、これはITバブル崩壊を受けての逆張り、という面が大きかったです。一応、ヤフーはヤフーBB、IRIは

ＴＣＰ／ＩＰの運用技術、ＰＣデポは特価ＰＣ販売というふうに、それぞれの強みは感じていましたが、割安感なら不動産株のほうが有利だったので、やがて全体がシフトしていきました。

## 信用取引で1年で20倍

３年目の２００３年春頃、資産は約５００万円になりました。市場は相変わらずの暴落相場にもかかわらず、資産は倍以上になったわけです。アーネストワンなどの確実な成長性と割安感に、もはや疑う余地はありませんでした。株価はこれからさらに適正価格に向かっていく。その流れのなかで最大限に儲けるためには、信用取引が不可欠である。私は可能な限りのレバレッジをかけ、新興不動産デベロッパー中心の集中投資で勝負に出ました。本格的な大膨張の始まりです。

折しも季節は、日本市場が上昇に転じていった夜明け前、わずか1年の間に、資産は1億円前後まで膨れ上がりました。読み通りの展開です。新興不動産デベロッパーの値上がりも進んでいたので、そろそろ他ジャンルへの投資を考え始めました。そして目にとまったのが、同じ不動産でもＲＥＩＴ（不動産投資信託）や中古物件のリフォームなどを行う流動化関連銘柄です。

それ以前にも、アーバンコーポレイションや日本エスコンなどのマンション分譲と不動産流動化の両方に取り組む兼業株を購入していましたが、これからは不動産流動化のみ取り組む専業株も一層伸びてくるに違いないと踏み、投資を開始しました。

## いきなり1億5000万円もの損失

2004年5月、ゴールデンウィーク明けの市場で大暴落が起きます。俗にいうブラックメイ（暗黒の5月）です。アメリカの株価下落とともに、早期利上げ観測が起こり、外国人による日本株売りが追随した結果、5パーセント近い株価暴落が発生したのです。

日本の景気回復がしきりに叫ばれていた頃でした。私は5月の決算発表後の上げ相場を期待して強気に買っていたため、大損害を受けました。なんと2億4000万円まで達していた資産が、9000万円にまで落ち込んでしまったのです。これまで負け知らずできていただけに、いきなりの1億5000万円もの損失は資産的にも精神的にもショックでした。

当時はまだ、サラリーマンと投資家を兼業している状態です。暴落初日、勤務中に9000万円が露と消えていきました。

初めて追証が発生し、破産の可能性もありました。はっきり言ってパニック状態です。

追証というのは、信用取引で損を出したときに必要な追加の保証金のことです。翌日、会社を休んで消費者金融を回り、何とか整理しました（もちろん借金はその後すぐに返済しましたが）。

## サラリーマンを辞め、個人投資家へ

資産の目減りと追証の経験から、とりあえず信用取引のレバレッジを下げることにしました。資産1に対し、信用取引0・5程度です。ただ、弱気になったのではありません。自分が狙いを定めた不動産流動化に関しては新たな買い足しも恐れませんでしたし、当時はこの割合がベストと判断しただけです。不動産流動化銘柄は堅調に推移していきました。アーバンコーポレイションやアドバンスクリエイトなど、それまで貢献度が低かった銘柄も上昇の波に入り、ブラックメイの傷痕は徐々に回復。約半年で資産は1億6000万円にまで戻ってくれました。2004年10月、満を持してサラリーマンを退職。投資家一本で稼ぐことに決めました。

選び抜いた投資企業の業績は順調に成長。それ以上のペースで株価が上昇するという流れが2004年から翌2005年にかけて起こりました。2005年春には2億円を突破し、ブラックメイからも完全に復活。信用取引のレバレッジを1対1にまで引き上げた

2005年後半は、投資ブームの世相にも助けられ、12月の10億円突破まで停滞なしの右肩上がりを続けました。

## ライブドア・ショックで資産が半減

飛ぶ鳥を落とす勢いで10億円まで大膨張した私の資産でしたが、2006年に入った途端、下落していきます。1月に起こったライブドア・ショックの影響です。10億円の資産は、みるみるうちに5億円まで目減りしていきました。

当たり前ですが、心のなかはかなり動揺していました。

そこで私が取った対策は、日本株を売って、中国株に挑戦すること。当時、中国株がかなり割安だったからです。その後、ベトナム株への投資も開始。2007年には、日本株、中国株、ベトナム株の3つに、ちょうど3分の1ずつ投資するような状況になっていました。2007年の秋頃は中国株、ベトナム株ともにかなり調子がよく、資産は全体で6億5000万円ぐらいまでに回復。私は、失いかけていた自信を少し取り戻すことができました。

しかし2008年、再び事態が大きく変化します。ベトナム株が国内のインフレにより、かなり不安定になってきたのです。ベトナムドンの価値が下がり、金利が上昇したことにより、ベトナム株はすごく下がってしまい、買い手が見つからないぐらい、ひどいありさまになってしまいました。

そんななか、私は何とか売り逃げに成功。結局、ベトナム株はおよそ1億円ぐらいを注ぎ込み、7000万円程度で撤収しました。そのまま持ち続けていたら、もっと下がっていましたので、受けたダメージはまだ軽かったほうだと思います。同じ頃、中国株も売ってしまい、外国株はいったん手仕舞いにしました。

## 弱気になり、すべての資産を現金化

2008年に外国株から手を引いた私は、日本株専門に戻ろうと考えましたが、その頃もうすでにサブプライムローン問題等が起きていて、国内の相場が下げ基調になっていました。私の得意とする不動産株にも、破綻する会社などがいくつか出てきているような状況で、これは大変なことになってきているなと。

仕方なく、私は守りの投資を選択することにしました。具体的には、手元に残っていた現金でREITを買いました。当時、REITの利回りは5～6パーセントほどあったので、仮に1億円を投資すれば、500万～600万円ほどのインカム（配当収入）がある。そのお金で生活していけばいいだろうと考えたのです。

ところが、私の目論見は見事にハズれ、ＲＥＩＴのほうもだんだんと下がっていきました。前述したように、私はその前年の２００７年2月に結婚していましたので、人生のパートナーとなった妻といろいろ相談し、さらに大きな決断をすることにしました。

一度、投資をストップし、すべての資産を現金化することにしたのです。

妻に無理矢理、説得されたというわけではありません。私自身、当時はずいぶんと弱気だったのだと思います。でなければ、ＲＥＩＴなどに投資せず、現物株を購入して勝負していたはず。株全体が下げ基調のなか、自分も弱気になり、妻の冷静な意見に納得した、という感じでしょうか。

というわけで、世間がいわゆるリーマン・ショックで大騒ぎしている頃、私は株をまったく持っていない、ノーポジションの立場になっていました。

## 不動産とアメリカ社債に投資する

株を手放した私は、２００８年12月、投資用に港区のマンションを1棟買いします。不動産投資を始めたのです。本章の冒頭でも説明した通り、不動産投資は数百万円で始めるには難しい投資ですが、億単位の資産があれば話は別です。

といっても、私が買ったのは約10戸ほどの小さなマンションです。今、考えてもすごくお買い得な物件でした。現在でも家賃が1年に1000万円ぐらい入るところなのですが、当時の販売価格は1億2000万円。リーマン・ショックの影響で、なかなか買い手が付かなかったのでしょう。私が「8500万円だったら買います」という話をしたら、そのまま通ってしまいました。ラッキーでした。

加えて、アメリカに開いていた口座で、社債を2500万円ほど買いました。不動産投資も同じですが、目的は自分（と妻）がこれから長い人生を生きていく上で、安定したインカムゲインを得ること。なるべく金利がよく、潰れそうもない会社の社債を狙うようにしました。長いもので、30年債という長期の債券も含まれています。当時は株だけでなく、債券も投げ売りされていましたので、約7パーセントぐらいの金利で手に入れることができました。

2500万円の社債で期待できる金利が150万円以上。これにマンションからの1000万円の家賃があれば、何とか生活はできる。これで投資はほぼ終わりかなぁ、とぼんやり考えていました。

## 物件の工夫に必死だった1年間

2009年は、簡潔にまとめると、不動産投資家としての1年間でした。

前年に8500万円で購入したマンション。安く値切れるような物件なので、当然ながら古く、あちこちボロボロ。多くの入居者に気に入ってもらうためには、魅力的な物件にしていく努力が不可欠です。

どういった部屋にするかを考えて、リフォーム業者に発注する。エアコンやコンロなどを高品質のものに替えて、部屋の価値を高める。廊下や共有スペースなどを掃除して、全体の印象を明るくする。やれること、やらなければいけないことは、思いのほかたくさんあります。

そういった工夫に頭を悩ませている間にも、部屋が1つ空き、2つ空き……と結構な空きが出てくる始末。とにかく「部屋を埋めなきゃいけない」「不動産投資家として生きていかなきゃいけない」という思いで、必死に取り組んでいました。

## 原点に立ち返り、株式投資へ復帰

すっかり株から離れてしまった私が、再び株式投資に復帰するきっかけを持ったのが、2010年です。少し話が複雑なのですが、以前投資していた中国とベトナムのファンドからお金が戻ってきたのです。

私が2007年頃、中国株とベトナム株に投資していたことは、すでにお話ししました。

そのときに、両国それぞれのファンドを契約したのですが、その内容が途中で換金不可という形になっていたのです。そのおかげで、もともと5億円程度はあった資金が枯渇することになり、じつはマンション購入の際は、親族に借金をお願いしていたぐらいでした。

本当に大失敗な投資だったのですが、その中国とベトナムのファンドが満期になり、2000万円ほど戻ってきたのです。そのなかから親族への借金を返済し、手元に400万円ぐらいが残りました。せっかく現金ができたのだから、すごく小さい額ですが、また株をやろうと思ったわけです。

とはいえ、妻にはリーマン・ショックで苦労させたこともあり、夫としてあまりムチャはできない。中国とベトナムのファンドからは、翌年の2011年にもおよそ5000万円ほどのお金が戻ってきたのですが、これもなるべく減らすことはできない。結論として出てきたのが、分散投資でした。

当時はアベノミクス前で、相場が悪かった頃です。どの銘柄も資産的には安かったのですが、自分自身、原点に立ち返り、底値が固く安定的な株を探すことにしました。

## 株主優待株にセクター投資

銘柄を物色するなか（銘柄の探し方については、第4章で詳しく説明します）で、私が行き着いたのは優待株（株主優待株）でした。特に株式投資を再開した2010年頃は、約80パーセントが株主優待株だったと思います。

優待株というのは結構、株主優待が欲しくて保有している人が多い。株主優待が続く限りは持ち続ける、というタイプの人も少なくない。つまり、売る人が少ない＝底値が固いのです。

私は、かつての不動産セクター集中投資のように、優待株というセクターに集中し、そのなかで分散投資していくことにしました。

ちなみに、私自身は株主優待がどうしても欲しくて銘柄を選んでいるわけではないので、自分に必要のない株主優待については、ヤフーオークションなどで売りさばき、現金化するようにしています。

## ドラッグストア株へセクター移行

優待株以外で、底値が固く安定的な株といえば、何といっても資産バリュー株です。純資産に比べて、株価が低評価な銘柄として、私が目を付けたのがドラッグストア株でした。当時のドラッグストアは、店舗の数を増やしている割に、株価の評価が見合っていないところが多かったのです。

なかでも東北に展開する薬王堂は、今でこそ有力な成長企業として高い評価を得ていますが、当時はドラッグストア業界のなかでも、ひときわ安いという印象でした。確かPERが4倍ぐらいだったと思います。

果たしてその後、上がっていくかどうかはわかりませんでしたが、だんだんと私のポートフォリオはドラッグストア株の比率が大きくなっていきます。

言ってみれば、優待株からドラッグストア株へと、集中するセクターが移動していくような感じです。思い返してみると、この辺りが私にとっての復活の兆しだったように思います。

## 株仲間たちと出会い、刺激を受ける

優待株からドラッグストア株へと投資セクターが変化していくなか、投資家として大きな転機になったのは、2013年8月に講師として誘われた静岡県・沼津の投資セミナーでした。

振り返ってみれば、ライブドア・ショック後にノーポジ（株を持たない状態）となり、不動産投資などをしていた私は、株仲間との交流がほとんどなくなっていました。こちらから情報を発信することもなく、周りからも影響を受けない。鎖国状態です。

それが、このセミナーをきっかけに再び人と接する機会が多くなり、さまざまな刺激を受けるようになりました。

時期もちょうど、アベノミクス初期の上昇気流にあった頃。出会った人たちが「あの銘柄を買った」「この銘柄で儲かった」などと勢いよく話しているのを聞くだけで、投資家としてのやる気を奮い立たせてもらえました。

ほかの人たちと比べて、自分はどんな投資家なのか。

必要以上に弱気になっているんじゃないか。

株仲間との交流は、自分にとってかけがえのないものとなり、それは現在でも変わらず続いています。

## 信用取引再開が〝再膨張〟のきっかけ

株仲間との交流が増えた２０１３年以降は、徐々に私の資産も増えていき、少しぐらいならば「減らす余裕」のようなものが出てきました。それによって、やや強気のポートフォリオを作ることができ、現在の下地につながりました。

自分が投資家として、はっきりと「再び目覚めたな」「派手さが戻ってきたな」と感じたのは、２０１６年6月に信用取引を再開してからです。

私にとって、信用取引は1つの大きなカギ。それを再開するためには、資産バリュー株を中心に守りながら増やし、「2割ぐらい下がっても、何とか生きていける」レベルまで持っていくことが不可欠でした。2016年6月は、ようやくその資産ができたタイミングでした。

私が信用取引で狙ったのは、PERが10倍台で、成長を見せている銘柄。具体的には、ジャフコ、ギガプライズ、日本社宅サービスなど。そのほか、インフォコムや相模ゴム工業、アバント、アメイズなど、思い入れのある銘柄が数多く見つかりました。私の現在のポートフォリオは、第3章で紹介しています。

今後の目標としては、もっと資産を増やし、自分の理想のポートフォリオを目指すことはもちろんですが、いずれ社会福祉的なこともやりたいと考えています。でも、それはまだまだ先のことかもしれません。今はまだ自分は若いので、資産を増やすことに集中したいと思います。

第2章

時代別ポートフォリオ

# 10億円達成までの道のり

# アセットアロケーションの定義

## すべての銘柄は買えない

どんなに割安の株があっても、余剰の資金がなければ買うことはできません。

株式投資を始めると、ついついあの銘柄、この銘柄といろいろ手を出したくなってしまいますが、1人の投資家が出せる資金に限りがある以上、欲しい銘柄すべてを購入することはできないのです。いや、現実には買って買えないこともないのですが、それでは投資をする意味はほとんどなくなってしまいます。

仮に、あなたが自分で欲しいと思ったすべての銘柄を1株ずつ買い揃えたとしましょう。そのまま放っておくと、上がる株も下がる株も同じ1株ずつしかありませんから、利益を損害が食い潰す構造になっていきます。相場全体が上昇ムード一色ならばそれでも儲けが出ると思いますが、投資としての効果は半減します。すべての銘柄が10倍、20倍の大膨張をしてくれるわけではないからです。

そこで必要になってくるのが、自分の資産に合わせた投資構造＝ポートフォリオ作りです。限りある資産をどう分配し、集中させていくか、このポートフォリオ作りが、投資家にとってもっとも頭を悩ませる部分になります。第2章と第3章では、時代ごとの私のポートフォリオを振り返りながら、解説していきたいと思います。

## 株式投資の方程式

効果的な投資システムを構築する上で、もっとも頭に叩き込んでおくべき方程式が「投資資金×パフォーマンス×時間＝将来の資産」です。この計算式はじつに多くの示唆を私たちに与えてくれます。投資をすると、ほぼ全員がパフォーマンスの向上に注力します。儲けたいのだから、当然です。しかしこの方程式を見ればわかる通り、資金も時間もじつはパフォーマンスと同じだけの資産倍増パワーを持っているのです。年利100パーセントのパフォーマンスを出している人でも、投資期間が1カ月では10パーセントも増やすことができません。ポートフォリオを作る際は、この方程式を必ず意識するようにしてください。そうすれば、目先の小さな儲けや狼狽売りに振り回されずに済むはずです。

時間が倍ならば、投資資金が倍の人と同じ効果が得られるというのは、若い人にとってはうれしい話でしょう。たまに「資金が貯まってから投資を始める」と言いながら、いつまでも始められない人がいますが、これは大きな間違いなのです。投資の時間をそれだけ短くしているわけですから。始めるなら1日でも早いほうがいい。そして、健康に気を遣って1日でも長く投資すべきなのです。

この方程式を使えば、逆の発想もできます。投資資金が倍ならば、2倍長くやっている人と同じ効果が得られる。つまり、投資を始めるのが遅かった人でも、頑張ってお金を節約し、倍の投資資金から始められれば、今からでも同じように儲けることができるのです。

もちろん、これは単純な数字の論理に過ぎません。実際は経験や知識、ときに勘や運に左右されるのが株の世界です。全員が同じパフォーマンスを得るのが不可能な以上、資産がキレイに資金と時間に比例していくことはありません。しかし、この方程式の意味しているところもまた真実なのです。それを忘れないでください。

一番ダメなのは、時間を使ってお金を浪費することです。パチンコや競馬、キャバクラなど、お金ばかりか時間まで奪っていく遊びは、投資にとってあまりいいことはありません。お金も時間も、どちらも投資にとってなくてはならないものだからです。

## 差損益ゼロでは意味がない

さまざまな金融商品を組み合わせて、資産分配することをアセットアロケーションといいます。一般的には、株と債券を組み合わせたり、外貨預金と円商品を同時に買ったりし

## これが株式投資の方程式!

**投資資金 × パフォーマンス × 時間**

**＝**

**将来の資産**

DAIBOUCHOU's COMMENT

この計算式は、
すごく重要です。
投資方針に迷ったときは、
これを思い出すように
しましょう。

### 投資資金

投資を始めるのが遅くても、
資金が2倍なら2倍長くやっている人にも
追いつける。

### パフォーマンス

資金や時間をかけなくても、
成長率（株価上昇率）が高ければ
巨大な資産を築ける。

### 時間

資金が少ない人でも、
プラスのパフォーマンスを続けられれば、
いつかはお金持ちになれる。

**3つの要素は
すべて等しい価値を持っている!**

て、どんな経済状況下でもお互いを補完し合えるように工夫することを指します。

株式投資はギャンブルではありませんから、リスクマネジメントはすべての投資家に必要なことです。しかし、このアセットアロケーションをあまりに重要視し過ぎてしまうと、儲けるという投資本来の目的から逸脱してしまいかねません。

株と債券は本来、反比例の関係になっているので、組み合わせると大変便利です。景気が悪くなれば「株売り、債券買い」が進み、景気がよくなれば現在のように株が買われ、債券の人気はなくなっていきます。しかし、こうした投資法は基本的に何億円、何十億円という資産を持っている人が、その資産を「目減りさせないため」に取る方法。資産の一挙拡大＝大膨張を目指すみなさんにとって、それほど有益な手段とは思えません。

試しに、スポーツ球団の運営を考えてみてください。豊富な資金と実績を持つ球団は、すでに評価が安定した実力のある選手を何人でも好きなだけ雇うことができます。同時に、いきなり高額年俸が必要になる有望ルーキーまで入団させることができます。どちらかがその評価以下の成績しか残せない場合は、クビを切ればいいだけの話です。

しかし、できたばかりの新球団の場合はそうはいきません。多少のリスクを冒してでも、再評価が期待できるベテラン、実力未知数のルーキーを試合で使いながら、持てる実力を最大限に発揮してもらわなければ、資金力のある球団と比肩するまでの成長は望めません。

ポートフォリオとは、言ってみれば球団のメンバー表です。ひとつひとつの銘柄が出す成績も重要ですが、最終的に勝利を得られなければ意味がありません。

## 究極のポートフォリオを目指して

ＤＡＩＢＯＵＣＨＯＵ式のアセットアロケーションは、基本的に同業種関連銘柄による分散投資をベースにしています。一般の常識とは逆なのかもしれませんが、合理的に考え抜いた末の結論です。幅広い分散投資は、その分析だけで膨大な時間を要します。限りある時間と資産、情報のなかで機関投資家などとやり合い、勝ち抜くためにはこの方法しかありません。チームカラーをはっきりさせている分、勢いに乗ったら止まらないというよさもあります。各々の個性を生かしながら、セクター評価が上がったときにはチーム一丸となって快進撃を続ける。それがＤＡＩＢＯＵＣＨＯＵ式ポートフォリオの特徴です。

同業種によるリスクは、銘柄それぞれの性格分析、実力判断を綿密に行うことにより、十分回避できるのでそれほど心配していません。

それでは次のページから、私がそのときどきの資産に応じ、どのようなポートフォリオを作ってきたかを具体的に説明していきましょう。

# 資産別ポートフォリオの分析❶ 200万円時代

## 暴落相場の分散投資

左に挙げたグラフが、投資を始めて間もない2000年5月頃の私のポートフォリオです。メイン銘柄はトヨタカローラ岐阜で、全体の25パーセント程度を占めています。その他、濃飛西濃運輸、三洋信販、金下建設などをそれぞれ30万~50万円ずつ買っていました。

この頃はまだ投資初心者ですので、はっきり言ってどの株を買うにも手探りの状態でした。私の知らない落とし穴がどこにあるかわからない。自分としては積極的に投資しているつもりでも、心のどこかで怯えていました。

当然、いきなりの集中投資は危険だと思い、分散投資に励んでいた時代です。銘柄を見てもおわかりのように、セクター狙い撃ちによる集中投資はまだ影も形もありません。秋頃になると、ここにサミーが加わりますが、それでもしばらく分散投資による暗中模索状態が続きました。当時は市場全体が暴落相場でした。今から考えても、ここで大きな冒険をせず、安定したパフォーマンスを狙ったことが現在につながったと思います。

## 2000年春～秋
## 株式投資スタート当時のポートフォリオ

**総資産**
約200万円

**メイン銘柄**
トヨタカローラ岐阜
金下建設、サミー

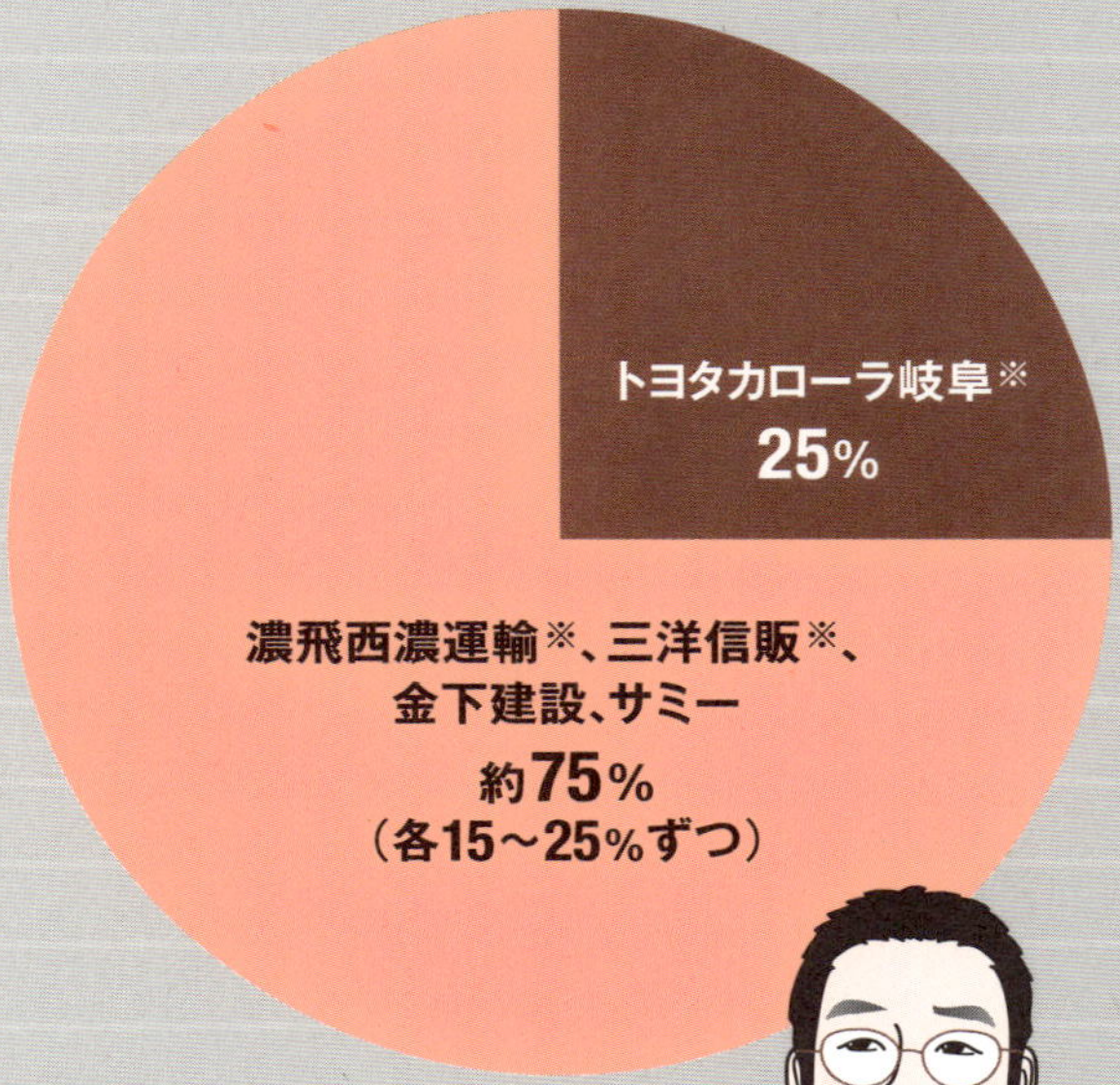


（各15～25%ずつ）

※現在、上場廃止

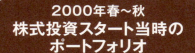

単純に分散投資で
リスクヘッジしようと思っていて
銘柄の強弱も
それほど付けていません。
サミーは秋頃からの
参戦だったかな。

# 資産別ポートフォリオの分析❷ ４００万円時代

## 集中投資を覚える

２００２年２月に不動産株への投資をスタートさせた頃です。ポートフォリオもかなり変化しています。

資産４００万円に対し、アーネストワンの１銘柄だけで３００万円を投資しています。２年前はメイン銘柄でも25パーセントの比率しかありませんでしたが、この頃はなんと75パーセントを突っ込んでいるわけです。分散投資を続けるよりも、ベストな銘柄に集中投資をするほうがパフォーマンスがはるかにいいということがわかったからです。

残りはコナミコンピュータエンタテインメントジャパンに投資していました。１００万円を全部です。つまり、２銘柄だけしか持っていなかったのです。

この後、ＩＴ銘柄の逆張りにもチャレンジするのですが、アーネストワン（現・飯田グループホールディングス子会社）が順調に伸びていった流れもあって、やがてフージャースコーポレーションや日本エスコンなどの不動産株による集中投資が確立していきます。

## 2002年春頃<br>不動産株投資スタート当時の<br>ポートフォリオ

**総資産**
約400万円

**メイン銘柄**
アーネストワン

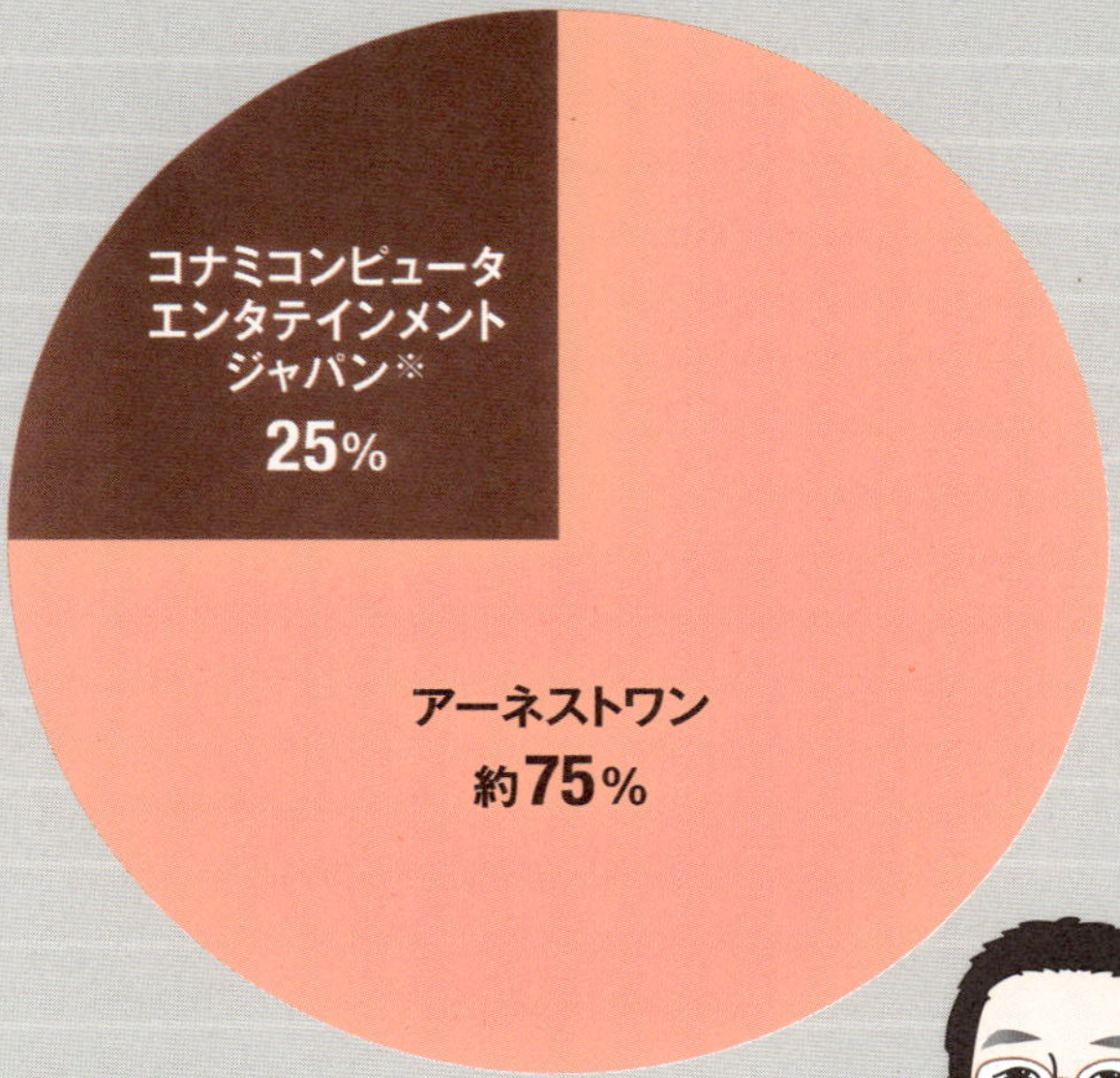


※現在、上場廃止

**DAIBOUCHOU's COMMENT**

分散投資をするよりも、
ベストな銘柄に集中投資するほうが
パフォーマンスがいい
ということに気が付きました。
アーネストワンに
ほぼ一点投下していた
時代ですね。

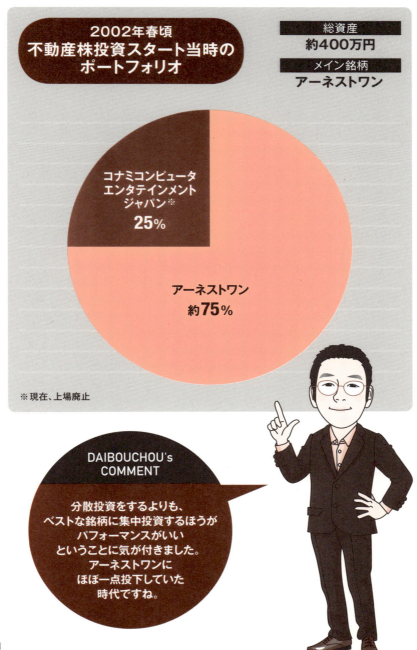

## 資産別ポートフォリオの分析③ 信用取引開始時代

### 1対2の高レバレッジで1年に20倍の「大膨張」

不動産関係の銘柄に魅力的なものが増え、何とか1銘柄に対する投資金額を下げずに利益を狙えないかと考えた結果、信用取引によるポートフォリオがこのようにでき上がりました。この頃の資産は約５００万円で、信用取引で１０００万円分を運用。1対2という高レバレッジを翌年の5月（ブラックメイ）まで続けました。メイン銘柄は、アーネストワンとフージャースコーポレーション。それぞれ全体の運用額の3分の１＝５００万円ほど買っていました。残りの５００万円分は、日本エスコンやファースト住建などです。

私の資産は、ここから約1年で20倍に跳ね上がります。つまり、このポートフォリオが大膨張の素地になっているわけです。スタートから2倍程度になったものの、この時点で金額はまだ５００万円程度。ちょっと稼ぎのいいサラリーマンなら持っていて何の不思議もない金額です。しかし、1億円となると話は別でしょう。勝負どころという意味でも、このポートフォリオはすごく重要だったのです。

## 2003年春〜夏
## 信用取引スタート当時のポートフォリオ

**総資産**
約500万円

**信用取引**
約1000万円

**メイン銘柄**
アーネストワン

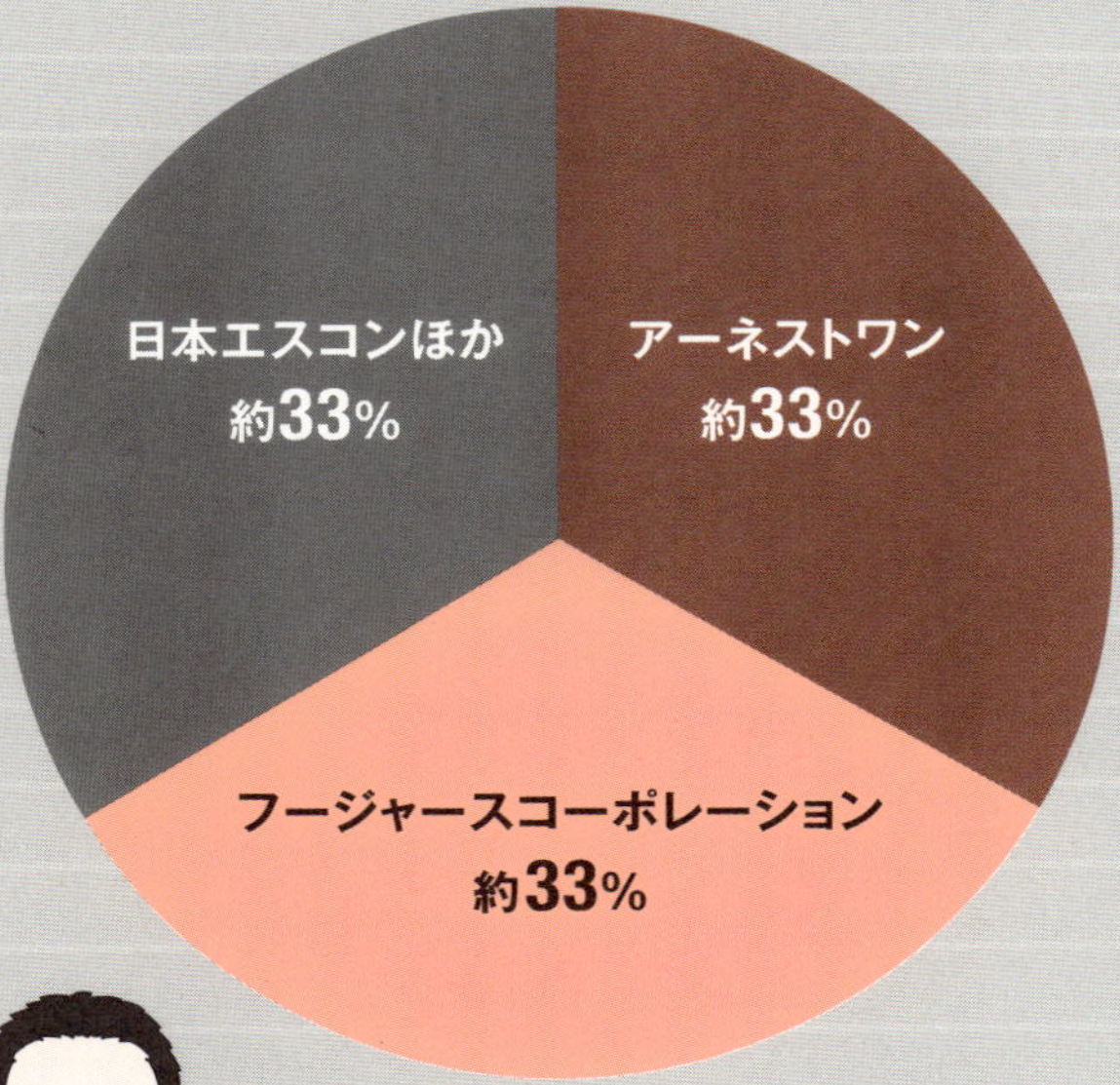

**DAIBOUCHOU's COMMENT**

アーネストワン以外にも、
フージャースコーポレーションや
日本エスコンなどの
いい銘柄が見つかってきたので、
儲けを取りこぼさないために
信用取引を始めました。
大膨張の始まりです。

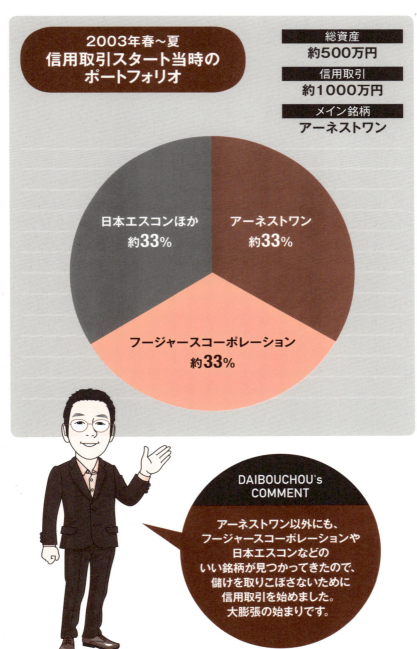

# 資産別ポートフォリオの分析④ 1億円突破時代

## 不動産、流動化、投資銀行の三本柱

不動産流動化銘柄にシフトし始めた、２００４年春頃のポートフォリオです。資産は約１億円、信用取引で２億円分を運用していたので、全体で３億円です。

この頃は、主に３つに分けて考えていました。１つは不動産系。アーネストワン、フージャースコーポレーション、ファースト住建の３銘柄です。合わせて50パーセントですから、１億５０００万円分を不動産セクターに回しています。

次に、新規に手がけ始めた不動産流動化、投資銀行系。アセット・マネジャーズ（現：いちご）に６５００万円、アーバンコーポレイションに３０００万円という割合です。

アドバンスクリエイトと有楽土地は、「その他の押さえ銘柄」という意識が非常に強かったです。関連銘柄ですから、やはり押さえておきたかったのですが、約20パーセントは多過ぎたかもしれません。当時は自分なりにいい銘柄を見つけられるようになり、やや銘柄数が増え過ぎた分、メイン銘柄への投資比率が下がってしまったのが、少し残念です。

## 2004年春頃
## 不動産流動化株スタート
## 当時のポートフォリオ

総資産
**約1億円**

信用取引
**約2億円**

メイン銘柄
**アセット・マネジャーズ**

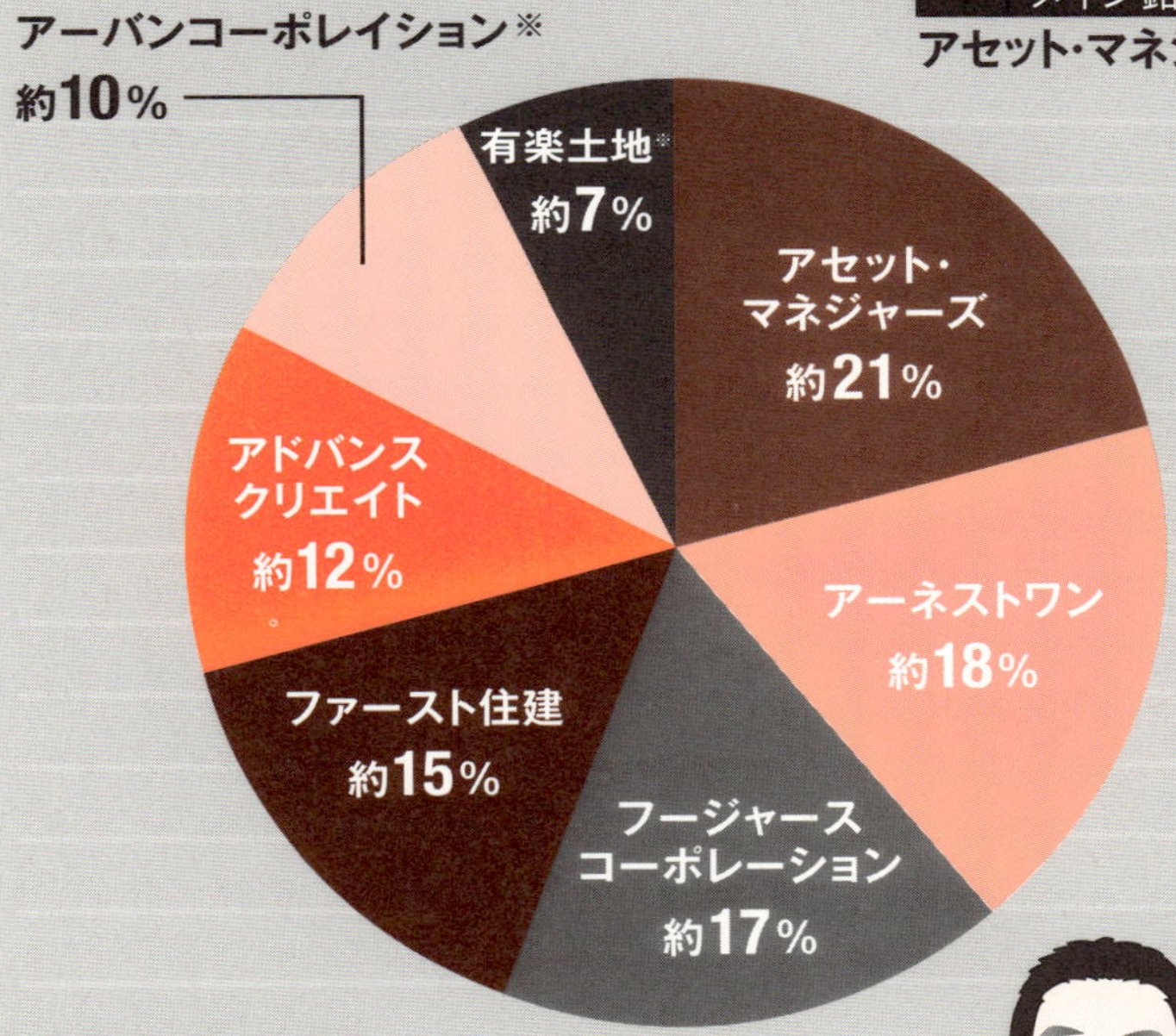


※現在、上場廃止

**DAIBOUCHOU's COMMENT**

アセット・マネジャーズや
アーバンコーポレイションなどの
不動産流動化、投資銀行系の銘柄を
新規に購入していた頃。
いい銘柄が多過ぎて、
少し投資比率が分散されて
しまっていますね。

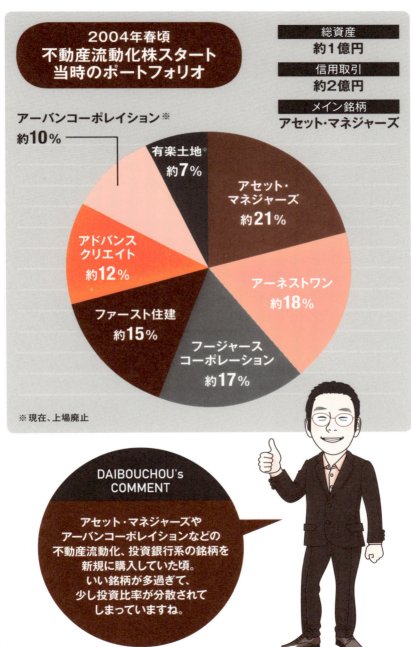

# 資産別ポートフォリオの分析⑤ 10億円達成時代

## 主要5銘柄に集中させる

いよいよ2005年末、10億円に達したときのポートフォリオです。

現物と信用の割合をわかりやすく理解してもらうために、ここではその2つを分けて示してあります。

現物は、パシフィックマネジメント、ダヴィンチ・アドバイザーズ、アーバンコーポレイション、アセット・マネジャーズ、アセット・インベスターズ（現：マーチャント・バンカーズ）の5銘柄のみ。値動きも影響してパシフィックマネジメントの割合が若干高くなっているものの、当時の自分の意識としては、メインの5銘柄は各20パーセントずつ持つというのを理想としていました。

信用取引分はフージャースコーポレーション以外、大きな比率を持っている銘柄はありません。全体としては不動産関係が8割、アドバンスクリエイト、ライブドア、その他バリュー株などに2割という比率です。

## 2005年12月末
## 10億円を達成したときのポートフォリオ

| 総資産 | 信用取引 | メイン銘柄 |
| --- | --- | --- |
| 約10億円 | 約6億円 | 現物持ちの主要5銘柄 |

### 信用取引分

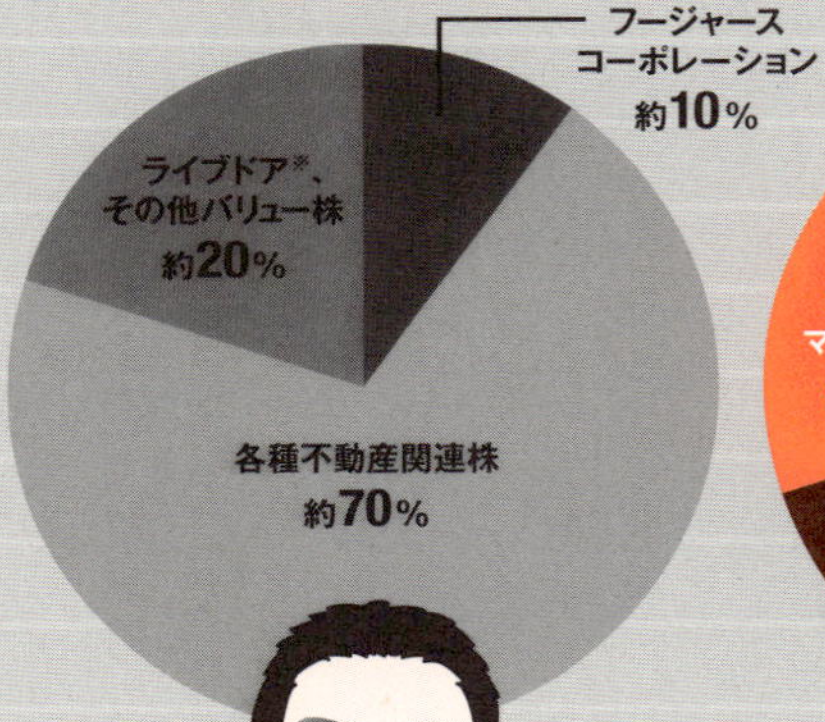


### 現物分

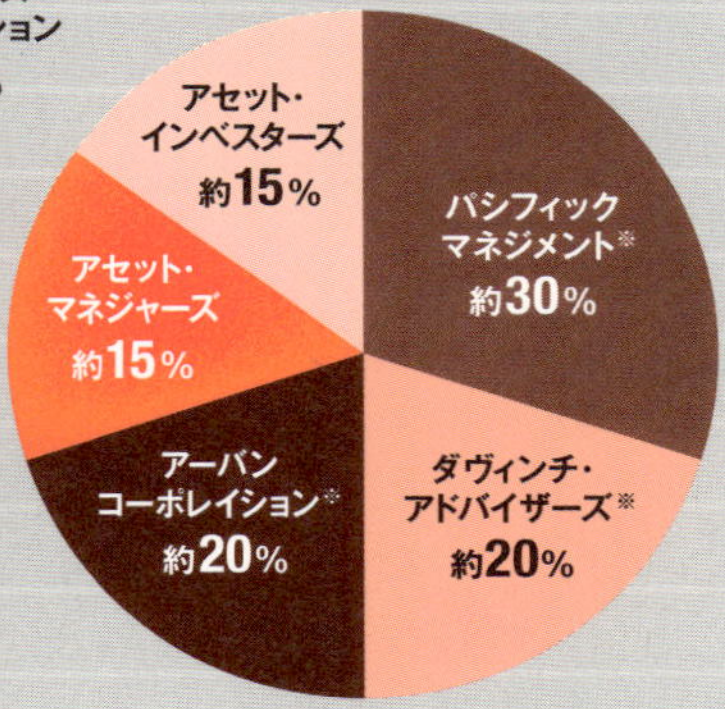


※ 現在、上場廃止

## 大事なのは配分の強弱

この時点までで、私が作り上げてきたポートフォリオを見て、どう思われたでしょうか。とりあえず10億円達成までのまとめとして、当時、私のなかで気を付けていたポイントを挙げておきましょう。

まず、配分の強弱についてです。私は銘柄を選ぶ上で、ベスト、ベター、グッドの3段階に分けて評価しています。そして通常、ベストだと思える1銘柄を見つける間に、ベターまたはグッドの評価を与えられる銘柄が5銘柄も10銘柄も見つかってしまいます。相対的に数が多くなってしまうわけです。問題はこのとき、どういう割合で投資額に差を付けるかということ。

答えはシンプルです。ベスト1銘柄に対してベター＋グッドが10銘柄なのだから、投資額は「ベスト10」対「ベター＋グッド1」にすればいいのです。例えば、ベストの1銘柄に10万円投資したとすると、ベター＋グッドは1万円×10銘柄で10万円です。これを多くの人は、「ベスト3」対「ベター＋グッド2」といった具合に散漫な段階評価をしてしまいがちです。

すると投資金額は、ベター＋グッドの銘柄に20（2×10銘柄）も突っ込んでいても、ベストの銘柄には3しか投資していないことになってしまいます。これでは、大膨張などとても不可能です。

というのは、投資額には意識的な強弱を付けておかないと、見栄えこそ均等割りされていて気持ちがいいものの、投資としては不格好なポートフォリオができ上がってしまうからです。

## 現物はベスト銘柄だけにする

10億円達成の時点では、主要銘柄の高騰もあり、信用取引の割合が減っていますが、2004年5月に起きたブラックメイの悲劇以降、私は現物と信用取引の比率を最大で1対1に抑えることを心がけてきました。そして、先程の自分がベストだと思える銘柄については現物で、ベター、グッドに当たる銘柄については信用取引するというスタイルを取ってきたのです。

この方法を使えば、現物で持っている銘柄に集中投資しながら、信用取引で分散するということが可能になります。

もちろん、これはイメージとして言っている部分があって、実際にはメイン銘柄を信用取引で買ったり、押さえの銘柄を現物で買ったりすることもあります。頭のなかで常にそういったスタイルを意識しているということです。

## キャッシュは持たない

最後にキャッシュポジションについてですが、これはなるべく持たないようにしていました。信用取引をしているのですから、キャッシュを持つぐらいなら信用取引の額を減らすほうが、より合理的だと思ったからです。

キャッシュポジションを重要視する人が多いのも知っていますが、まだ若いのならどんどんリスクを取って、投資資金に回すべきです。

特に、市場が活性化している今、キャッシュを寝かせておくことにそれほどのメリットがあるとは思えません。

第3章

時代別ポートフォリオ

# 攻守最強の布陣を目指す

# 資産別ポートフォリオの分析⑥ 優待株時代

## 現在のDAIBOUCHOUができるまで

私の投資家人生において、大きな転換点となった２００６年のライブドア・ショック。10億円にまで達した資産が、半分の5億円にまで目減りし、私の計算は大きく狂うことになりました。

本章では、資産半減から私がいかに立ち直り、現在に至るまでどう考え、どのように対応してきたかをより詳しく語っていこうと思います。

## 不動産流動化株を見切った理由

まずは、２００６年1月の時点では、かなり持っていた不動産流動化株をなぜ手放していったのかという理由からお話しします。

結論から言ってしまえば、それ以前から天井感のようなものを感じていたからです。利益の規模が大きくなり過ぎていたのです。不動産流動化を手がける会社のうち、１社で

1000億円とかを稼ぐようになってしまうと、この数字を2倍、3倍にするために、不動産を売買したりファンドを作ったりすることは大変だなと思いました。50億円を100億円にする、100億円を200億円にするということはできても、1000億円を2000億円にするのは難しいだろうと感じたのです。

一方で決算を見ると、まだとても伸びていたので、とりあえず成長が鈍化するのを待とうかなというのが、2005年末までの気持ちでした。

しかし、不動産流動株というのは珍しく、決算はずっとよいまま、突然、銀行から融資を止められたりして潰れてしまう会社が少なくありませんでした。ほとんど突然死と言っていい。伸びている会社にしても、成長が安定してきてしまったなという感じがあったので、手放したというわけです。

## 中国のインフラ関係を狙う

不動産流動化株に代わり、私が手を出したのが中国株です。当時の中国株は、PERが10倍台で成長していた会社がいくつもあったので、狙い目だと思ったのです。

中国株のなかで集中して投資したセクターは、主にインフラ関係です。その頃の中国は、今のようにみんなでガンガン消費する国というよりは、〝世界の工場〟としてこれから国全体が発展していくという雰囲気だったからです。具体的には、発電関係やリサイクル関係の銘柄をよく買っていました。

あとは高速道路です。中国は高速道路が民営化されていて、上場しているのです。国民が豊かになって自動車の利用者が増えていけば、安定して儲かるだろうと予想しました。

インフラを狙ったのは、もう1つ大きな理由がありました。外国の銘柄は、日本に比べて、圧倒的に情報不足だからです。仮に数字がよくても、現地の状況がよくわからないし、これから伸びるかどうかの空気感もつかめない。その点、インフラは細かい国内事情がわからなくても、国全体が経済成長すれば、伸びるのは間違いないだろうと考えました。

## 中国に続き、ベトナムへ投資

中国株に続いて、2007年頃からはベトナム株にも手を出すことにしました。こちらは株仲間の1人から、現地のベトナムに口座を作らないかという話を持ち込まれたのがきっかけです。調べてみると、ベトナムも中国と同じように、経済成長をしている最中でした。

残念だったのは、口座を作ってから投資を開始するまでに少し時間がかかってしまったことです。私が買い始めたときには、もうすでにベトナム株はブームになっており、いわゆるモメンタム投資（勢いのある銘柄に投資すること）という感じでの投資となってしまいました。このままバブル的なノリで上がり続けるのではないかという予想です。私としては、普段あまり行わないチャレンジングな投資でした。

結果的に、ベトナム株に関しては、買ってから少しは値上がりしたものの、若干ピークでつかんでしまいました。もう少し早く始められていたら……という気持ちを当時は持っていました。

## 優待株メインのポートフォリオ

2008年のベトナムのインフレを契機に、ベトナム株と中国株を手放したことは、すでに第1章でもお話ししました。その後、少しREITに手を出しつつ、最終的にすべてを現金化。2008年にマンションを購入し、不動産投資を始めたのも前述した通りです。

株式投資に復帰したのは2010年。当時のポートフォリオが、86ページのグラフです。じつに優待株が80パーセントを占めています。当時は、とにかく「資産を減らしたくない」ということが一番の目的でしたので、株主優待目的の株主も多く、底値が固いと判断した優待株がメインとなっていました。

不動産関連株も10パーセントぐらい保有していました。フージャース（現：フージャー

## 2010年冬頃
## 優待株投資スタート当時のポートフォリオ

**総資産**
約3億円

**メイン銘柄**
株主優待株

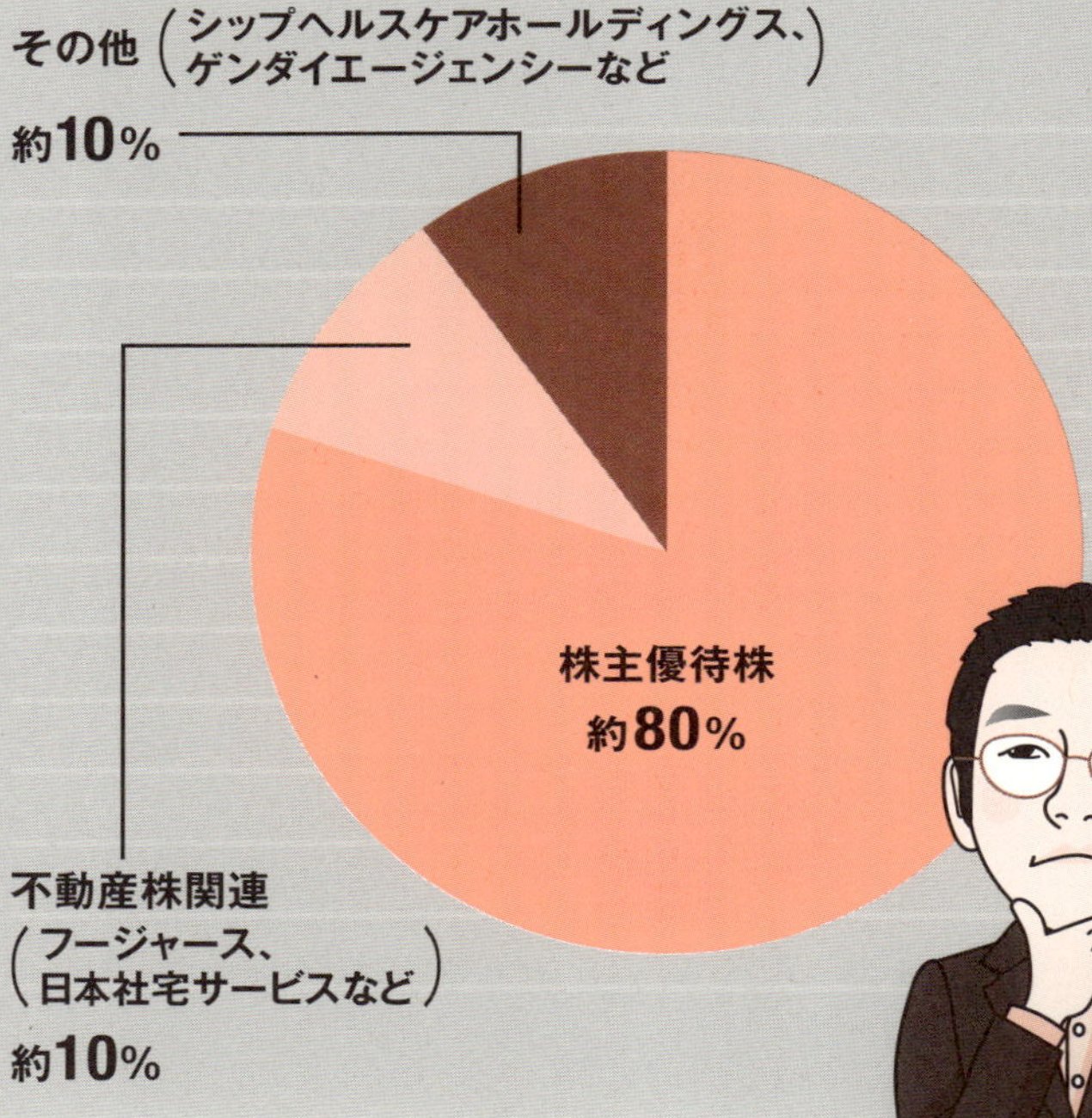

**DAIBOUCHOU's COMMENT**

ダメな株も含まれてしまうインデックスファンドやETFより、自分で厳選した株主優待株を分散投資したほうがパフォーマンスがいいと考えました。株主優待ももらえますしね。

スホールディングス）は、個人的にとても相性のいい銘柄で、買うときはいつも安いタイミングで手に入れることができました。この後も何度か買い直しています。

## 手堅い日本社宅サービス

日本社宅サービスは、その名の通り、社宅を管理している会社です。

一応、説明しておくと、社宅というのは会社にとって節税のポイントになります。例えば、給料の額面が30万円で10万円の家賃を普通のマンションに払っている人がいるとします。一方で、給料の額面が25万円で10万円の社宅を借り、5万円を会社に補助してもらっている人がいるとしましょう。

手取りはどちらも同じ20万円です。が、給料の額面が5万円も違えば、健康保険料も年金の額も違います。どちらも会社が負担する分が軽減します。かつ会社が補助している社宅の5万円については、会社の経費として扱える。会社にとっては、下手に高い給料を払うよりも、社宅に住んでもらったほうがありがたいわけです。社宅に住んでもらうことで、離職率の低下も見込めます。転職をしてしまったら、社宅を出なくてはなりませんから、同じところに住み続けたいと思ってもらえる限り、会社で働き続けてもらえるからです。

もちろん働く側にとっても、デメリットはありません。

ただ、社宅を導入するということになると、さまざまなノウハウや手続き、管理などが必要になってきます。ここが会社側にとってはネックになります。そこで、社宅の扱いに慣れているところへ、アウトソーシング（外注）しようという動きが盛んになってきます。社宅のアウトソーシングを請け負う会社はたくさんあるのですが、日本社宅サービスもその1つというわけです。

日本社宅サービスを買った理由としては、「アウトソーシング先を頻繁に変えることはないだろう」という思惑もありました。依頼する会社側は、そもそも手間を省くためにアウトソーシングしているわけですから、コロコロとアウトソーシング先を変えて、引き継ぎの面倒を増やしていては意味がありません。ということは、日本社宅サービス側から見れば、一度獲得した契約はなかなか解約されず、契約すればするほど数が蓄積されていくことになります。

この「解約されにくく、蓄積しやすい」というのは、私の銘柄選びにおいて、じつは大きな注目点になっています。ヒット商品が出て一気に株価が上がるのも悪くありませんが、ジワジワとでもいいから着実に契約数を増やしていく業態は、「割安株を中・長期保有する」という私の投資スタンスに合っている、いわば〝手堅い〟銘柄だからです。

日本社宅サービスとも、この後、投資対象として長いお付き合いとなります。

## 資産別ポートフォリオの分析⑦ ドラッグストア株時代

### 東北に展開する薬王堂

ドラッグストア関連株にセクターを集中させていた頃、2011年のポートフォリオが90ページに示したグラフです。実際には、ドラッグストア関連株、インターネット関連株、優待株、不動産関連株という大まかなセクターのなかで、細かく分散投資していたという感じです。

あえてメイン銘柄を挙げるなら、東北にドラッグストアを展開する薬王堂ということになります。

薬王堂と言えば、やはり一番思い出深いのは、東日本大震災です。東北を本拠地にしているため、薬王堂はこの年、大打撃を受け、株価を下げています。

東日本大震災のとき、私はフランスのパリにいました。約1カ月ほど、夫婦一緒にプライベートで旅行へ出かけていたのです。

ですから、地震が起きた瞬間というのをまったく知りません。現地の人に「日本人か？

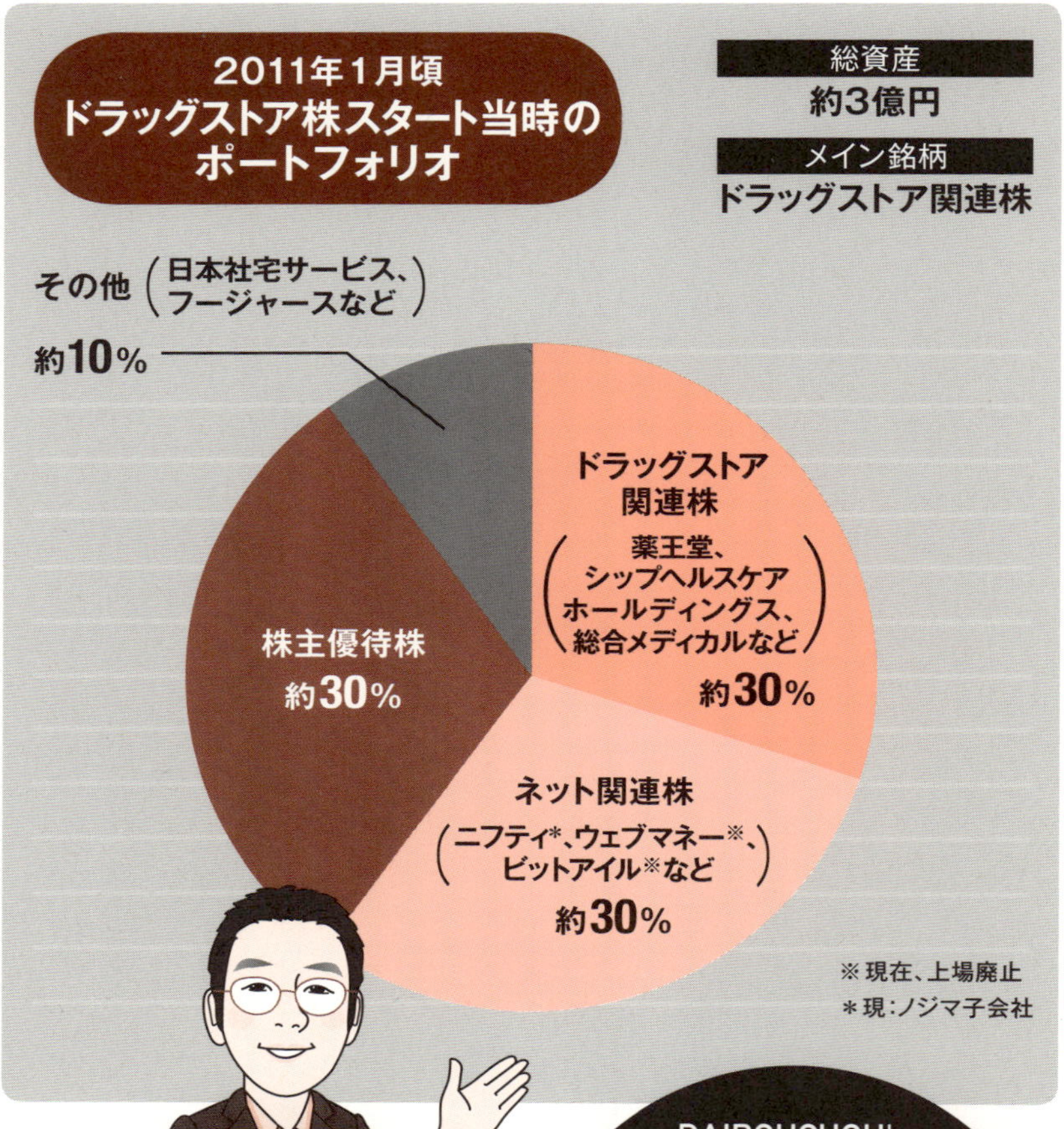

DAIBOUCHOU's COMMENT

割安株が多いと判断した、ドラッグストア関連株に比重を置いていた時期です。大きな損をしたくないという気持ちが強かったので、ドラッグストアやネット関連株というセクターのなかで、細かく分散投資をしていました。

こんなところを歩いていて大丈夫なのか？」と心配されても、何のことを言われているのか、わからなかったぐらいです。

地震が起きたことがわかると、ネットのニュース動画などを観たりして、現状把握に努めました。

多くの人がそうだったと思いますが、地震と津波による被害に心を痛めると同時に、原発がどうなるのかが心配で仕方ありませんでした。

## 深夜のパリで株取引をする

遠い異国の地で、東日本大震災を迎えてしまった私は、何とか今の自分にできることを考えました。

最初にやったのは、不動産として所有しているマンションの状態の確認でした。古い建物なので、倒壊していないか。ヒビなどが入っていないか。管理会社に確認してもらったところ、一応、何の問題もありませんでした。

株式投資は、帰国する3月20日過ぎまで、パリで行っていました。日本とパリの時差は8時間（サマータイムの期間は7時間）。日本が午前9時のとき、現地では深夜の2時です。つまり、深夜に起きて、朝まで取引をするというような環境だったわけです。体力的にキツかったですが、自分の人生のピンチかもしれないという思いもあったので、何とか踏ん張りました。

地震が起きて以降を俯瞰すると、日本株も多少は買ったのですが、結果的には日本株のポジションをやや抑えめにして、地震の影響がないアメリカ株に分散するという形に落ち着きました。リスクを分散したのです。

アメリカ株で買ったのは、基本的に大きな有名どころばかりでした。外国株なので、小さな銘柄はよくわからないし、調べている余裕もなかったからです。

そのなかで一番よかったのは、クレジットカード会社のＶＩＳＡでした。クレジットカードはアメリカ人なら誰もが使うものだし、Ａｍａｚｏｎに代表される通販が伸びていけば、株価も上がっていくだろうという読みでした。ちょうど値が下がったときに買うことができたようで、儲けさせてもらいました。

## トータル的にアメリカ株は失敗

アメリカ株では、ＶＩＳＡのほかにも、クレジットカード関連株をいくつか買っていて、アメリカン・エキスプレスなども持っていました。一度入会してしまえば、あとは持っているだけで自然と年会費や手数料などが発生するクレジットカードは、私の好きなタイプのビジネスモデル。安定的かつ定期的にお金が入ってくる、いわゆる〝チャリンチャリンビジネス〟というやつです。

アメリカ株でうまくいかなかったのは、スーパーマーケットのウォルマートです。食料品や生活用品などは誰もが必要ですし、自動的に利用するのでイケると思ったのですが、同社は逆にAmazonにやられてしまい、株式投資の成果はイマイチでした。

全体として正直に言ってしまえば、アメリカ株への分散投資は失敗でした。リスクに怖《おじ》けず、地震の影響で下がっていた日本株のほうへ全力で逆張りできていれば、もっと資産を膨張させることができていました。

みすみすチャンスを逃してしまったかなと、今でも少し後悔が残っています。

## ドラッグストアへの投資をやめる

2012年以降、東日本大震災とは関係のない理由で、私はドラッグストア関連株を手放していくことにしました。

じつはドラッグストアが扱っている薬には、国が定めた価格というものがあり、定期的に薬価が改定されるのです。

例えば、今まで100円で普通に売れていたものが、いきなり80円になったりする。すると、どうなるか。ドラッグストアが抱えている在庫の価値についても、どんどん下がってしまいます。つまり、薬価改定があるたびに、ドラッグストア業界の業績は悪くなってしまうのです。

私はしばらくその仕組みを知らず、「なぜ急に業績が悪くなったのだろう？」などと不思議に思っていました。言ってみれば、それぐらいの素人だったわけです。薬価改定の存在を知った後は、「そういうものか」と割り切ることができたものの、２０１２年の時点でドラッグストア業界全体の株価も結構上がっていたので、投資対象として考えるのはいったんやめることにしました。

# ２０１８年現在のポートフォリオ大公開

## 頭を悩ませる分散と集中

では、あまりもったいぶっていても仕方ありませんので、２０１８年現在の私のポートフォリオをご紹介しましょう。96ページのグラフがそれです。

かなりの分散投資ではありますが、私のなかでは予想ＰＥＲで大まかに分けた成長株各種と、資産バリュー株、優待株、収益バリュー株というセクターに集中している格好です。

厳選したメイン銘柄に超集中投資し、１つのセクターを狙い撃ちしていたのが、かつての「サイクル投資法」だとするならば、調子のいいセクターをいくつか見つけ、そのなかで分散投資しつつ、業績重視の成長株を確保していくというのが、現在の「新・サイクル投資法」ということができるでしょう。

この分散と集中に関しては、どこまで、何を重視すべきなのか、現在も悩み続けているというのが正直なところです。

以下、２０１３年頃から現在まで、特に思い入れの深い銘柄や思い出深いエピソード、

## 2018年春頃 最新DAIBOUCHOUのポートフォリオ

**総資産**
約6億円

**信用取引**
約0.5億円

**メイン銘柄**
なし（超分散投資）

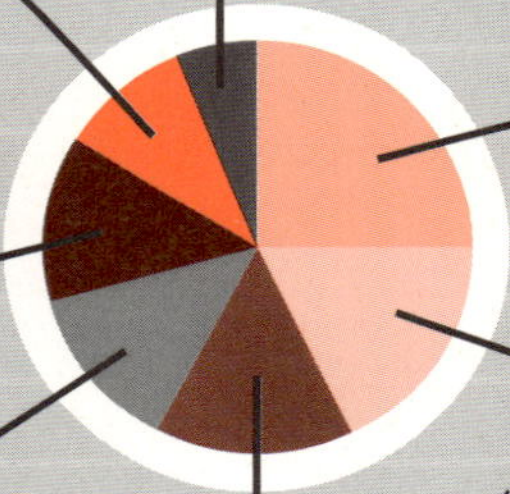

**株主優待株**
約10%

**収益バリュー株**
予想PER10倍以下
（シード平和、サンセイランディック、ムゲンエステートなど）
約6%

**成長株**
予想PER20〜30倍程度
（ビジネスブレイン太田昭和、アバント、エリアリンクなど）
約25%

**やや割安な成長株**
予想PER15〜20倍程度
（ジェイ・エス・ビー、神戸物産、OATアグリオなど）
約13%

**かなり割安な成長株**
予想PER10〜15倍程度
（アメイズ、日本モーゲージサービス、ヒロセ通商など）
約18%

**割高な成長株**
予想PER30倍以上
（ギガプライズ、パルマ、キャリアインデックスなど）
約13%

**資産バリュー株**
PBRが1倍以下、時価総額が会社の純資産金額以下
（ヤマウ、アズマハウス、インテリックスなど）
約15%

**DAIBOUCHOU's COMMENT**

現在は、株主優待株の比率を抑え、資産バリュー株が増えつつあるようなサイクルです。その他の保有株については、予想PERの高低によって、上のグラフのように分けることができます。

その当時、私が考えていたことなどを列挙していきたいと思います。

## 韓国や中国にも投資していた

２０１３年頃から株仲間との交流が復活し、大変刺激を受けたことは第1章でもお話ししました。自分のポートフォリオを相対的に見つめ直し、ほかの人たちと比べながら、私が思ったことは「自分の今の特徴は分散投資だな」「やっぱり優待株と資産バリュー株が好きだな」ということでした。

しかし、そのなかでもチャレンジしたものはいくつかありました。

例えば、２０１３年はＬＩＮＥがすごく流行りだしていました。そのときＬＩＮＥは上場していなかったのですが、親会社であるＮＡＶＥＲが韓国に上場していたので、これを買いました。ＮＡＶＥＲを買えば、実質的にＬＩＮＥを持つことになると考えたからです。これは資産バリューなどは関係なく、私としては結構な挑戦でした。

また、２０１３年の秋頃には、日本株がダメになったときのことを少し考え、中国株にも再び手を出しました。特によかったのは、パラダイスというメーカー。カジノのスロットマシーンなどを作っている会社だったのですが、ちょうどマカオが盛り上がっている時期だったので、投資先にいいだろうと判断しました。

## 信用取引のルールを変更

信用取引のルールに関しては、現物と信用取引の比率が1：2という超強気だった10億円時代と比べ、再開した2016年以降はだいぶ変わりました。最近はだいたい1：0・1〜0・3ぐらいです。相場の値動きが荒そうだなと思ったら信用を0・1ぐらいにし、2017年のようになだらかな上昇カーブのときはチャレンジ気味に0・3にする、といった具合です。

0・3の根拠は、リーマン・ショックのとき、だいたいピーク時から70パーセントぐらい下がった経験から。この範囲であれば、リーマン・ショックレベルのことが起きても、借金にならないだろうという計算です。

はっきり言ってしまえば、1：2の比率だったときは、独身だったこともあり、怖いものがありませんでした。増やせるだけ増やそうと思っていました。しかし、現在はリーマン・ショックを経て、失うコワさを知りました。今後、あと40〜50年ほど生きるとして、その分の生活費は何としても確保したい。とはいえ、専業投資家として生きていくなかで、ずっとディフェンシブにやっていくのは非常につまらない。増やしたいという欲望もある。その折り合った部分が、今の1：0・1〜0・3という比率だということです。

## 大暴落したウェッジホールディングス

2016年から2017年頃にかけて、1銘柄に集中し過ぎて大暴落を味わったのが、ウェッジホールディングスです。同社は国内でコンテンツ事業を手がける一方、タイを拠点にしたグループリースという子会社で、デジタルファイナンス事業も行っています。そのデジタルファイナンス事業がすごく伸びていて、成長率と収益性が高い、本当にピカピカの成長株でした。

デジタルファイナンス事業というのは、簡単に言えばオートバイのローンです。グループリースがオートバイのローンを融資し、金利を得る。融資された側は、購入したオートバイを使って、バイクタクシーや配送業などをするわけです。

ところが2017年3月、偽計取引による粉飾決算の疑惑が出て大暴落。私は600~700円ぐらいで買って、もっともいいときで1500円ぐらい、暴落後は最終的に1000円ぐらいで売り切りました。ですから、損はしておらず、むしろプラスで終われたのですが、買ってしまったこと自体が私のミスだったという気持ちもあり、かなり複雑な思い入れのある銘柄です。

万が一、自分の思い入れを信じ過ぎて、売却していなかったら、その時点で自分の夢がついえていたかもしれない、という恐怖を感じた銘柄でもあります。

## 上昇相場で取り残されるのは最悪

私が常々思っているのは、「上昇相場のなかで取り残されるのは避けたい」ということです。リーマン・ショックのように、みんなが下がっているところで、損をするのは別に構わないのです。相場も下がって、安くなっているわけですから、安いものを買って復活を待てばいいだけ。しかし、上昇相場のなかで1人だけ取り残され、資産も減り、目の前には割高な相場しかない、という状況は最悪です。どれを買っても挽回することが難しく、かといって投資家として現金を握ったまま何もしないというのも歯がゆい。動くに動けなくなります。

私が現在、超分散投資をしているのも、それが1つの要因としてあります。100銘柄もあれば、仮に上がらない株が10銘柄ぐらい含まれていても、残り90銘柄が儲かり、最低でもインデックスぐらいの相場が狙える。そうなれば、みんなと同じぐらいの儲けは出るわけで、取り残される心配が軽減されます。

投資は自分との戦いでもあるので、周りがいくら儲かろうと損しようと、自分が納得すればそれでいい、という考え方もあるにはあります。が、やはり現金を握ったまま現在の相場を迎えるのは、投資家として避けたいですし、上昇相場のなかでも前述のウェッジホールディングスのように下がるものは必ずあるので、そこに集中してしまうことも回避したい。そのための安全装置は、いくつかあったほうがいいと思うのです。

株式投資における安全装置とは、分散投資だけではありません。例えば安全域があること。資産バリュー株がわかりやすいですが、純資産に比べて株価がはるかに安ければ、大量に売られることはためらわれます。また、業績が成長していれば、下方修正されることがあまりないなど、業績面での安全域というものも存在します。

前述した〝チャリンチャリンビジネス〟などは、ビジネスモデル面での安全装置になります。誰もが利用せざるを得ないとか、営業マンが売り込まなくとも勝手に売れていく、などなどです。

これらの安全装置を複合させていけば、上昇相場のなかで取り残される、という最悪のシナリオを辿る可能性は低くなると考えています。

## 長い付き合いのギガプライズ

私の好きなタイプのビジネスモデルで、長い付き合いになっている銘柄の1つがギガプライズです。

ギガプライズは、マンションなどの集合住宅向けにインターネットの常時接続などを提供している会社です。イメージですが、50戸のマンションに1本のインターネット回線を50本に分けて、1戸ごとに比較的安い値段でインターネットをつなげるようにします。すると、例えば1戸当たり1000円でも、50戸からもらえば5万円になるので、安くサービスを提供しても儲かるという仕組みです。

インターネットサービス（プロバイダ）というのは、通常、よほど価格に差がなければ、切り替えないものです。何もなければ、毎月使い続ける。そこがいいところです。新規契約が入ってくればくるほど、積み重なっていき、しかも継続的に儲かる。私のなかでは、〝チャリンチャリンビジネス〟の代表格です。

## 悔しかったペッパーフードサービス

飲食店などの銘柄を見つけるときは、日頃、外を回りながら気を付けてみたり、話題になっている場所をチェックしてみたりします。

そのなかで、とても悔しい思いをしたのが、「いきなりステーキ」のペッパーフードサービスです。最初、銀座にオープンしたときから話題となり、行列ができていることも知っていたのですが、すぐに買って大儲け、というわけにはいきませんでした。何となく買ってみたりもしましたが、つまらないことで売ってしまい、特に何にもならず……というような消化不良に終わってしまった。

銀座にオープンした時点で買い、ただ持っているだけでよかったペッパーフードサービス。その思い切りができなかったのは、設備費の高さでした。設備費が高いということは、それだけ1店舗の開業費がかさむということです。「いきなりステーキ」は、話題になってから割と勢いよく出店を続けていたので、もしかしたら過剰な先行投資によって失敗するかもしれない。そんな不安がよぎったのです。お客がなかなか集まらず、利益が伸びないときのことも考えて、ちょっと様子を見よう。成長が軌道に乗りそうだったら手を出そう。そう思っているうちに株価が一気に上がり、自分のルールでは買えない水準になってチャンスを逸してしまいました。

安全策としては間違いではなかったと思うのですが、余計なことを考えて大きな魚を逃す、という典型的なパターンでした。難しいところです。

## 短期売買して助かったネクシィーズ

2016年4月頃に買って、5月頃には売ってしまったという、私にしては短期売買で逃げたのがネクシィーズです。このネクシィーズについては、子会社のブランジスタが秋元康氏プロデュースの『神の手』というゲームを出したことで、知っている人も多いと思います。私もその情報を知って、株を買ってみた1人です。

『神の手』というゲームに関しては、事前から「あの秋元康がものすごいゲームを出すらしい」と話題になり、ネクシィーズもブランジスタも株価を上げました。

問題は、その全容が公表されるタイミングです。まだどんなゲームかもわからないうちから、ネクシィーズもブランジスタも株価を上げている。私は、「これは期待感が高過ぎるな」と感じていました。

そんなとき、ストップ高を付けた後、すぐストップ安になるという、非常に荒っぽい値動きを見せました。本当に、ランチを食べる前にストップ高だったものが、食べ終わったら下がっているような状況でした。私は「これは何かおかしい」と思って、すぐに売ってしまいました。ゲームの全容が公表されてからでは手遅れになる、と判断しました。

果たして、後に公表されたゲームは、何の面白味もない、ただのクレーンゲームでした。もちろん株価は大暴落。悪い意味での伝説として、名前を残すことになりました。

## 急騰と急落を見せたアキュセラ・インク

ネクシィーズと同じようなタイミングで、急騰と急落を見せたのがアキュセラ・インク

（現：窪田製薬ホールディングス）です。「眼の病気に効く新薬を今、臨床で検査している」という情報が飛び交い、株価が上昇。臨床の結果が出るという２０１６年６月までは上がり続けるかもしれないと思い、私も買うことにしました。

ところが、たまたま出会った株仲間のなかに眼科医をされている方がいて、新薬について聞いてみたところ、どうも「あまりよろしくない」というお答え。医師の書かれた論文をいろいろと紹介されたのですが、当然、私に内容がわかるはずもなく……もう、とにかく売ってしまおうと考えました。結果は、５月に「臨床結果がダメでした」というリリースが発表されて、こちらも歴史的な大暴落を記録しました。

成長株というのは、ずっと右肩上がりで大成功するパターンもありますが、何か悪材料が出たらすぐに逃げなくてはいけない。ネクシィーズとアキュセラは、その鉄則をあらためて思い知らせてくれました。

## 上方修正予想が当たったインフォコム

２０１７年3月頃に買ったインフォコムは、上方修正予想が思い通りに当たりました。同社は、システムインテグレータと、子会社がやっている電子コミック「めちゃコミック」が２本柱の会社です。

私は特に「めちゃコミック」のほうに目を付けました。バナー広告をバンバン載せたり、テレビに犬のコマーシャルを流したりして、露出がとても多く、月額会員で顧客を囲っている強みがあったからです。この「めちゃコミック」は、勢いよく伸びていたのですが、システムインテグレータの業績などと合わせて、会社全体だと成長の度合いが薄まって見えてしまう。

そこで2017年2月頃に、ちょっと安かった時期があったのです。第3四半期の時点で、残り3カ月の業績予想があまりにも弱気。「めちゃコミック」の業績から見て、これは上方修正するなと思い、買いに入りました。案の定、上方修正しましたというニュースが出て、「インフォコムは『めちゃコミック』の会社だよね」「電子コミックが伸びているね」という評判が広まり、株価が上がったわけです。

## ヒット商品を開発した相模ゴム工業

思い出深い銘柄といえば、相模ゴム工業はハズせません。コンドームの製造・販売をしている会社ですが、超薄型の商品を大ヒットさせ、株価を上げました。

私の判断としては、超薄型ということは、素材自体は薄いので、材料費は安く済むだろう。が、商品はいいものだから、単価は反対に高く設定できる。これは非常に高収益だ、超薄型コンドームが出回ることで業績がよくなるに違いない、というものでしたが、予想通りになりました。

相模ゴム工業に関しては、いったん売却したこともありましたが、今期の業績予想を見て、買い戻しました。どうやらマレーシアに新しい工場を造っている様子だったので、その先行投資の額によっては、見守っているスタンスでいようかと考えたのですが、思いのほか額が軽微だったので、買い戻すことにしたのです。コンドームは世界中で通用する商品ですから、新しい工場での大量生産が可能になれば、さらなる飛躍が見込めます。

## 想像以上にすごい会社だったアバント

現在も保有している銘柄のなかで、うまくいったなと思うのはシステムインテグレータのアバントです。同社は2016年夏頃に、不採算案件を受注してしまったことで、赤字を出してしまいました。そのインパクトが大きく、市場の評価を下げていたのですが、来期以降は再び成長するという中長期計画を発表。「これで本当に成長するのであれば、今が買いなのでは?」と思い、手に入れました。今から考えれば、かなり安いタイミングで買うことができました。単純に株価が3倍ぐらいに跳ね上がりましたから。

ただ、私がダメだったのは、アバントをそこら辺りにあるシステムインテグレータの1

つぐらいにしか思っていなかったことです。安いときに買って、まともな株価になったら売ればいいと簡単に考えていました。

2017年4月頃、全体の相場が下げたとき、アバントはあまり下がらなかったので、一部、売ってしまいました。その後、アバントは急騰。その理由を調べたところ、同社がオラクルやマイクロソフトのような巨大企業からも仕事を請け負う、かなり強みを持った会社だということがわかりました。グローバル企業の経理は、いろいろな国や業種、会社の大きさなどによって、会計のルールや方針等があり、それらの違いをうまく取り入れないと連結会計が作れません。そうしたグローバル企業の連結会計に準拠した形に会計を変換し、違いを埋めてくれるシステムをアバントが手がけていて、ある種のデファクト・スタンダード（事実上の標準規格）のようになっているらしいのです。そうした会計システムが、あちこちに入っているわけですから、巨大企業からの仕事も得やすい。もし2年前に気付いていたら、もっと買っていたのに……。惜しいことをしましたが、その後、気付くことができたおかげで全部は売らずに済みました。

## 悪材料を狙って買った神戸物産

「業務スーパー」を展開する神戸物産は、悪材料があることを知りながら、わざと買った銘柄です。現在も保有しています。

２０１６年8月頃に買ったのですが、役員にインサイダー疑惑がかかり、株価を下げていました。結果的に不起訴になるのですが、それがわかる前に安いと思って買いました。

というのも、神戸物産は円高ドル安になると損をするというデリバティブ取引をやっていて、たまたまそのとき、かなり経常利益が下がっていたのです。ただ、円高ドル安になれば輸入品が安く仕入れられますから、営業面では実際のところ、神戸物産にとってはありがたい状況。デリバティブで一時的に損は出ますが、解消されればプラスの要因になるだろうと思いました。加えて、インサイダー疑惑も無罪になれば、何の悪材料もなくなり、これは儲けものだと。もしインサイダー疑惑で捕まって、株価が下がってしまったら損切りをすればいいと考えました。

不起訴が決まった後、経常利益も無事に回復。悪材料狙いが成功したパターンです。

## 熊本地震のときにアメイズを購入

もう１つ、悪材料を狙い撃ちした銘柄にアメイズがあります。同社は九州を中心にビジネスホテルを展開している会社です。

アメイズを買ったのは、熊本地震のときでした。九州で地震が起きてしまうことは、普通に考えれば、アメイズにとっては悪材料です。当然、株価も下がりました。

しかし被害が出たら、なるべく早く復旧しなければなりません。私はこう考えました。地震から復興するため、熊本に全国から大工さんや工事関係者といった人間が集まるはず。そのとき拠点とするのはどこか。

アメイズのホテルというのは、多くが幹線道路やインターチェンジ近くのロードサイドにあり、大きな駐車場が付いています。大型のトラックでも停めやすい。周りに繁華街もないから、ホテル内のレストランで飲食する人も多い（アメイズの1階には同系列のレストランが入っています）。値段も安いので連泊もしやすい。好条件が並んでいます。

ちなみに私は、アメイズの優待券をヤフーオークションで売っていますが、直接アメイズのホテル宛に送ったこともあります。実際に連泊している人が、自分の泊まっているホテルから落札したということです。

地震が起きたことは悲しいことですが、その後、アメイズの稼働率は上がり、業績も株価もかなり上がりました。

## トランクルームのパルマとエリアリンク

近頃、町のなかでよくトランクルームの看板を見かけることが多くなったと思います。

あのトランクルームの管理などを手がけているのが、パルマやエリアリンクといった会社です。

まずトランクルームそのものを造り、家賃収入を得られる新しい投資先として、投資家や富裕層、あるいはファンドなどに買ってもらいます。賃貸を開始した後は、管理費を毎月徴収。トランクルームの維持やセキュリティ管理などを行うというビジネスモデルです。

もうおわかりかと思いますが、私の好きな〝チャリンチャリンビジネス〟です。

トランクルームを借りる人というのは、そもそもが物を捨てられなかった人たちです。ギターであれ、バイクであれ、スキーであれ、和服であれ、今すぐ使うかどうかはわからないが、捨てたくはない。たまに使うかもしれないが、家に置いておくスペースはない。そのためにトランクルームを借りるわけですから、いったん契約してしまえば、なかなか解約しません。細く長く、借りてくれるわけです。

## 一見、地味なビジネスブレイン太田昭和

私が探している理想的な銘柄というのは、業績の数字が伸びていて、パッと見は地味ながら、調べてみると意外にユニークな事業をやっているものです。事業内容は、基本的に自分の頭が追いつく範囲であるものに限ります。理解できないものには、ほとんど手を出

しません。

現在、保有している銘柄のなかでは、ビジネスブレイン太田昭和が比較的、理想に近い形です。一見すると、ただのシステム開発会社のようなのですが、ロボットによる業務自動化を手がけるＲＰＡテクノロジーズというところと業務提携している。ＲＰＡテクノロジーズ自体は、株価が高過ぎて、私のルールでは買えません。でも、業務提携しているビジネスブレイン太田昭和なら、私が買ったときはＰＥＲが10〜15倍ぐらいだったので、手を出すことができました。実際に業績もとてもよかった。

ＲＰＡテクノロジーズは素晴らしい技術を持っている会社だと思いますが、ちょっと人手のかかる仕事なので、おそらく提携先であるビジネスブレイン太田昭和にも仕事が回ってくるのではないか、と推測しました。今後、どのような成長をしてくれるのか。期待しています。

## DAIBOUCHOUの現状分析

２０１８年6月現在の状況を分析してみようと思います。

まず昨年までは、4月に少し下げましたが、基本的には上げ相場でした。つまり、どれだけ持っているかが勝負だったのです。信用取引をガンガンやっている人が勝っていましたし、もっと言えば、仮想通貨をやっている人がもっとも勝っていました。

しかし、買ったまま放置していればいいと考えていた人たちの多くは、今年の2月にガーンと下がり、相場が持つ本来のコワさに気付いたと思います。私自身も2月の下げによって、投資家としてのマインドが保守的になり、信用取引も控えめになりました。一時、ゼロにしようかと思ったときもあったのですが、現状では15パーセントぐらいまで戻しています。

不動産関連株については、マンションデベロッパーのように、長期間の開発が必要なものではなく、中古マンションをリフォームだけして売るというような、短期間の開発で済むものに絞って買っていこうかなと思っています。

また、昨年まで保有していたメーカーや半導体関係などは、景気の関係で悪くなる可能性もあり、警戒して買いたがらない人もいるだろうと考えて、少し控えめにしました。

ただし、景気に左右されず、成長が期待できるジャンルについては、むしろ今の相場のほうがイケるかなとも思っているので、強気にいこうかなと。例えば、前述のギガプライズなどはインターネットを扱っているわけですが、景気が悪くなったからといって、インターネットを解約する人はあまりいないと思います。そういったビジネスを手がけている銘柄を積極的に狙っていこうと考えています。

## 最近、気になっている銘柄

税理士や不動産鑑定士など、各種資格の学校を運営するＴＡＣという会社が最近、気になっています。業績がとてもいいからです。その前にアイスタディという、遠隔教育で人材を育てる会社が業績を伸ばしていることを知っていたので、「もしかしたら教育関連が伸びているのでは？」という考えから、関連する銘柄をいろいろと調べてみた結果です。

同じように、ビジネス・ブレークスルーという、オンライン上で大学やＭＢＡ課程などの講義を受けられるサービスを行っている会社もいいかなと思っています。インターネット授業のいいところは、１回限りのリアル授業と異なり、過去のものが蓄積されていくところです。極端に言ってしまえば、１度録画してしまえば、何度でも同じ映像でお金が入る仕組みが作れるわけです。

このように、いい業態の周りには伸びるタネがたくさんあります。関連して調べていくことでセクター集中することができ、そのなかで分散投資が可能になる。これが新・サイクル投資法というわけです。

# 第4章

## DAIBOUCHOU式

# 情報収集・分析術

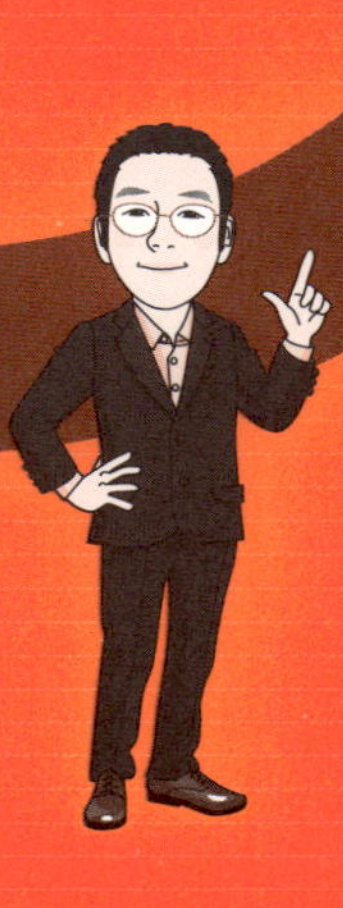

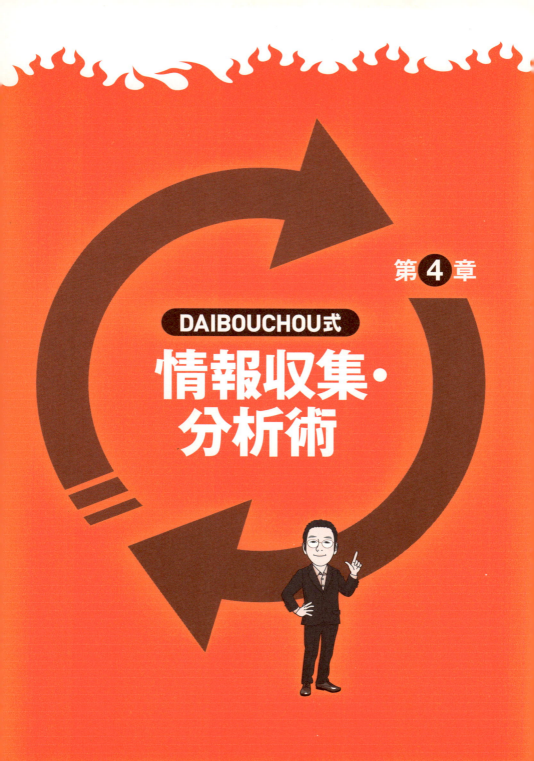

# 低PBR・低PER分析法

## 成長株は必ず見つかる

第2章と第3章で、時代ごとの私のポートフォリオについては理解してもらえたと思います。そこで本章では、これからみなさんがそうした割安成長株を自分自身で見つけるための方法・手段について考えていきたいと思います。

とはいえ、もうおわかりだとは思いますが、私の投資手法は「この指標を使うだけでＯＫ」「チャートを見れば一目でわかる」という類いのものではありません。非常に多様な要素を地道に分析していった結果の上に成り立っています。したがって、ここで説明する内容も、納得いくまで総合的に行っていけば「割安成長株発見に近付ける」というものになります。多分に、私の経験則に基づいていることをご承知おきください。

## 注意したいPERの考え方

まずは、おさらいをしましょう。

1株当たりの純資産を測るのがPBR、1株当たりの予想順利益を測るのがPERです。資産は利益に比べて変動が少ないので、初心者はまずPBRの低い銘柄を探すことから始めるべきです。そのなかで割安株を見分けるための、ベースになる力を養うことができるからです。

一般に、PBRは1倍以上なら割高または通常、1倍以下なら割安といわれています。私もこれを基本にしています。現在は多くのインターネット証券などで、PBR（PERも）はすぐに見ることができます。条件を設定すれば、自動的にスクリーニング（銘柄選別）することも可能です。初心者はまずここから始めます。

PBRに比べ、少々扱いが厄介なのがPERです。一般にはPERは15倍が適正、それを超えると割高、下回ると割安とされています。成長株にとって利益は重要ですから、ぜひ役立ててほしいのですが、このPER、じつはかなり勘違いしやすい指標でもあります。

なぜかと言うと、成長が著しい会社というのは、株式分割や新株発行による増資頻度が多く、会社の発行株式数が頻繁に変わるからです。PERの計算を「株価÷1株当たりの当期純利益（EPS）」で計算すると、EPSの数値を間違える恐れがあります。EPSは、当期純利益を発行株式数で割った数値ですが、分母である発行株式数が頻繁に変わってしまうからです。PERを計算するたびに、いちいち株式分割や増資の有無を確認するのは大変な作業になります。

これを回避するために私が行っているのが、時価総額を会社全体の純利益で割るという方法です。このほうが会社全体の価格に対して、どれくらい儲けているのかをイメージしやすいのです。

また、その際にはヤフーファイナンスの時価総額をよく利用します。株式分割や新株発行を反映した時価総額になっていて、かなり正確だからです。ただ、転換社債などもあるのでこれもすべて完璧というわけではありません（転換社債とは、一定期間のなかでならいつでも決められた価格で株式に転換できる社債のことです）。

## PERは時間も重要

先程、私はＰＥＲの適正値が15倍と話しましたが、それはあくまでも〝一般〟の話です。成長著しい会社でもＰＥＲが20倍を下回るようでなければ割安とは言えません。私もそこを基準としていますが、さらに重視しているのがＰＥＲが10倍になるために必要な時間です。

少し長くなりますが、大事なところなのできちんと説明しましょう。

時価総額１０００億円、純利益50億円の会社があるとします。ＰＥＲは20倍です。この会社が年40パーセントで成長すると、純利益は次の年に70億円、その次の年に98億円になります。すると、時価総額1000億円に対するPERは10倍にまで下がる。2年待てばいいわけです。

一方で、時価総額は同じ1000億円、純利益は半分の25億円になっている会社があったとします。現時点のPERは40倍です。ところが、この会社が1年に100パーセント成長をすると、次の年に50億円、その次の年には100億円を達成してしまいます。PERに2倍もの差があった2社が、2年後には同じ低PER銘柄になるのです。

つまり、2年後にPERが10倍になった段階で収益成長のペースが変わらなければ、将来成長への期待と割安感がある後者の会社を取ったほうがいいということになります。

通常、収益成長に伴い株価も上がるので、素直にPERが10倍になるということはありませんが、万が一、株価がまったく上がらない場合でもPERが割安になって妙味が増す、つまり「底上げ」にはなります。

最近はPBR、PER以外に、PEGという指標も使っています。これはPERと成長率の2つから割安感を測る指標で、PERを成長率で割ることによって算出されます。具体的には、2倍以上で割高、1倍以下で割安だということがわかるので、併せて使うのがいいと思います。

## PERから見る成長株の考え方

| A | B |
|---|---|
| 時価総額1000億円<br>純利益50億円<br>＝PER20倍で<br>年40％成長企業の場合 | 時価総額1000億円<br>純利益25億円<br>＝PER40倍で<br>年100％成長企業の場合 |
| 1年後＝70億円<br>▼<br>2年後＝98億円<br>▼<br>**PER10倍** | 1年後＝50億円<br>▼<br>2年後＝100億円<br>▼<br>**PER10倍** |

**結論**

**3年目以降の成長性を考えると**
**B のほうがお得!!**

DAIBOUCHOU's COMMENT

2年持つという
前提ならば、現時点で
PER40倍の株も十分に
割安と考えることが
できます。

## スクリーニングは土台作り

PBRやPERなどの指標を使ったスクリーニングは大変便利ですが、安易に頼り過ぎてもうまくいきません。それらは、あくまで過去の実績から導き出されているものだからです。指標がよくても成長が鈍化している企業はたくさんあります。逆に、私が儲けていた頃の不動産流動化銘柄のように、どんどん上方修正していくことで、評価を上げていく企業もあります。そうした株をすべてスクリーニングで探せというのはムリな注文です。割安成長株を見つける上で、指標は裏付けとして絶対に必要なのですが、最終的にはそこから見てビジネスモデルはどうなのかという部分に集約されていきます。

投資を始めた頃は試行錯誤ばかりで、私もかなりスクリーニングに頼っていました。スクリーニングでしか目にしないような企業をいろいろと知ることができたのも、すごくよかったと思っています。お恥ずかしい話ですが、私が株をやる前から知っていた企業といえば、当時、上場企業約2000社のなかで、10社か20社程度でした。世の中にはこれほど多くの上場企業があり、すごい利益を出している会社もある。そのことがわかっただけでも、ずいぶんとメリットになったと思います。ですから、スクリーニングは割安成長株まで辿り着くための土台作りでもある、と思ってください。

# 狙い目企業の情報収集

## 決算書よりビジネスモデル

銘柄を探す際は、まず業績を見ます。めぼしい銘柄があったら、その企業のホームページを読み込むことが定石です。

実際にどこへ注視するかですが、私はしばらくの間、決算書や財務諸表をしっかり読み込むことこそが、業績重視の投資家としての看板のように思っていました。しかし、近年ではビジネスモデルのほうを優先させる考え方に変わっています。

ビジネスモデルを判定するときに大事なことは、同じ業界内にある複数の企業のホームページと見比べてみることです。比較対象を得ることで、業界内のポジションをある程度、把握することができますし、そのビジネスモデルが有益であるかどうかが見えてくるからです。どれほど優秀なビジネスモデルでも、差別化できていなければ結局、利益の食い合いになってしまいます。

ビジネスモデルを確認したら、その後に決算書を見極めます。決算書の精査は簡単ではありませんが、試しに私の得意ジャンルであるマンションデベロッパーを例に挙げて説明してみます。

まず赤字か黒字か。成長性はどうか。この辺りを最初にチェックするのは、どの業種でも同じです。ポイントは、業種独特の読み取りが必要な部分。マンションデベロッパーの場合は、棚卸資産に成長のカギが隠されています。

前述したようにマンションというのは、今年、土地を仕入れて同じ年に売る、というような短い時間軸でやるビジネスではありません。2年後、3年後に売上を伸ばしていこうと思えば、自然と棚卸資産がどんどん増えていきます。

ところが、棚卸資産には完成在庫の売れ残りが含まれている場合があります。これではいくら棚卸資産が増えていても、デメリットになってしまいます。棚卸資産が成長になるものかどうか。そこを企業のホームページから読み取り、さらにマンション販売サイトなどで売れ残り状況を調べてみたりします。完成在庫がゼロで、棚卸資産が増加していれば、かなり有望というわけです。

## 成長株投資は「人材」が重要

決算書に目を通し終えたら、今度は年次報告書のチェックです。

年次報告書は、経営者のビジョンや業務形態の変化などを理解するためにも重要なものですが、私は特に従業員の増加に注目します。従業員を積極的に増やしていることが、成長株であることの1つの裏付けになるからです。

このとき、簡単に判定しづらいのが勤続年数の評価についてです。年次報告書や有価証券報告書などに書いてあるのですが、極端に回転が早い（離職率が高い）ところがあったりします。また、短い期間に急成長しているため、ここ2、3年で採用したばかりの人間になっているケースもあります。

従業員の増加と定着率。この2つの要素に対して、自分のなかでどのような落としどころを作っていくか。毎回、悩むところです。投資家のなかには財務こそすべて、というような人もいますが、成長投資をする上で人材は欠かせません。成長企業のボトルネックになりやすいのが、人材の育成・成長だからです。

私はそれをオフィス系ファンドであるダヴィンチ・アドバイザーズ（現：DAインベストメンツ）のときに、強く感じました。当時、4000億円一任勘定ファンドをやっていたのですが、本当は5000億円でも6000億円でもいいわけです。しかし、わざわざ足切りをして4000億円にしている。なぜか。人が足りないからだと思いました。不動産流動化という新しいジャンルで活躍できる、実務経験者がなかなかいない。それだけに、人材確保&従業員定着が重要になってくるのです。

もしこれがファストフードや居酒屋チェーンのようにマニュアル化が可能な仕事であれば、人材の入れ替えも容易ですから、不安材料にはなりません。しかし、専門的な知識・能力を要求される不動産流動化や投資銀行の場合、採用がうまくいっている、人材がしっかり成長しているなどのポイントは、成長の度合いに直結します。仕事を出したいのに受けてもらえないお客がいるわけですから、もし優秀な人材を大量に確保できれば、依頼を独占することも夢ではありません。

## 求人情報は貴重な情報源

人材確保の動向を見極めるのに、有効なのが採用ページのチェックです。新卒、中途双方で何人ぐらい募集しているのかを見るだけでも、思いのほか企業の状況がわかります。成長している企業というのは、資金よりも人を集めることに苦労します。ですから、調子のいいところは下手をするとIRよりも採用ページに力を入れていたりします。

就職・転職掲示板も活用できます。集まってくる人たちは自分たちの人生がかかっているわけですから、企業の成長性や安定性について、ときに私たち投資家よりもシビアに見つめています。面接などで感じた企業の正直な印象も参考になります。やはり新卒の大学生たちが入りたくなるような企業というのは、将来的な期待が持てます。

新卒募集で企業の姿勢がよく見えたのが、パシフィックマネジメントでした。ここは、マンションデベロッパーなどの不動産経験者より、未経験の新卒が欲しいという意思を前面に押し出していました。「不動産流動化という新しい潮流を通して日本を再生する」という高い志のもと、変なクセのある人を雇うよりも、これからの日本を背負う気概のある若者を求めているのです。会社案内も立派で評判もよかった。こういう会社には、新卒で優秀な人材が集まってくるなと思いました。

不動産流動化のような業界でプロを雇おうとすると、ヘッドハント代などでとかくコストがかかります。そういう意味でも、新卒を育て、企業とともに成長させるほうがコストパフォーマンスとしては優れています。

## 株主総会、会社説明会に足を運ぶ

株主総会や会社説明会は、ビジネスモデルや企業の姿勢を確認する絶好の機会です。私は実際に足を運んで、以下のようなことを感じた経験があります。

かつて、ダヴィンチ・アドバイザーズでの株主総会で、ある株主さんが社長に「将来、東証に上場する（鞍替えする）ことがあるのか？」と質問しました。すると「そのようなお金と人材コストがあるのだったら、本業で頑張っていく。上場はしているのだから、今まで通りヘラクレス（かつて大阪証券取引所にあった市場。現：東証ジャスダック）で十分だ」という答え。節約経営とコスト意識のしっかりした会社だと思いました。株主総会自体も、非常に質素なものだったことを覚えています。

このようなリアルな情報を、決算書やＩＲ情報から得るのは非常に難しいことです。数字上でどれだけ節約経営、コスト意識が伝わってこようと、やはり最後は自分の目でその姿を確かめることが大切です。つまり、これも成長性の１つだということです。

と言いつつ、じつは私は最近、株主総会へは行っていません。株主総会の時間が株の取引時間と重なりやすいということもあるのですが、その様子と中身を報告してくれるサイトなどが増えたことが大きな理由です。なかには親切に文字おこしまで行ってくれているところもあり、なかなか重宝しています。

# 日常生活のなかでの情報収集

## 『会社四季報』は最高のニュースソース

よく聞かれる質問として、「決算書やホームページ以外の情報源は何ですか？」というものがあります。

投資を始めた頃によく読んでいたのは雑誌、特にビジネス誌でした。そのなかで当時のビジネス社会におけるトレンドや株式相場観をおおよそ把握していました。新聞ではなく雑誌を好んで読んでいた理由は、単純に分析が深く、読み応えがあったからです。具体的には『日経ビジネス』を購読していました。不動産流動化銘柄に集中投資していた頃は、『ＲＭＪ（リアル　エステート　マネジメント　ジャーナル）』という業界誌もチェックしていました。

「いました」と過去形で語っているのは、現在は紙の媒体をほとんど読んでいないからです。情報を知ろうと思えば、今はネットである程度、手に入りますし、場所を取ることもありません。

ビジネス誌を購読していたとき、経済と関係のない特集が続いたことも、読まなくなった理由の1つです。例えば、生命保険や大学のランキングなど、私は特に興味がないのですが、定期購読を契約していたら、断ることもできません。毎週捨てるのも面倒なので、自然と読まなくなっていきました。

代わりにというわけではないですが、サイトでよく使っているのは、『会社四季報オンライン』と『株探』です。どちらも何か調べたい銘柄があるときに、パッと検索できるので助かっています。

自分が知らない銘柄を見つけたいときは、紙の『会社四季報』がやはり一番です。何も考えなくても、ページをめくっていくだけで、どんどん次の銘柄が出てくる。当たり前のことですが、気になる銘柄を見つけるためには便利です。

## ビジネスモデル主体の投資法が学べる書籍

こちらも最近ではあまり読んでいないのですが、昔はよくピーター・リンチやウォーレン・バフェット、フィリップ・フィッシャーなどの書籍を読みました。私の投資スタイルの基本は『ピーター・リンチの株で勝つ』（ダイヤモンド社）を読めばわかりやすいと思いますし、『億万長者をめざすバフェットの銘柄選択術』（日本経済新聞出版社）からはビジネスモデル主体の投資法を学ぶことができます。フィッシャーは「成長株は将来の割安株である」という私の発想の原点になった恩人です。

## 初心者は注意が必要なSNS

ツイッターやフェイスブックなどのSNSを利用して、情報を集めている人も多いと思います。が、自分自身で銘柄を選ぶ技術を持っていない場合、SNSの情報はかえって危険だ、というのが私の考えです。

もちろん、私も有名な投資家が持っていると発言している銘柄はチェックするようにしています。例えばツイッターなら、私は自分が素晴らしいと思っている投資家しかフォローしていないので、彼らがツイートしている銘柄は、下手な情報よりも厳選されたものだと捉えます。

しかし、それはあくまで銘柄を知るための入り口に過ぎません。「有名な投資家が推していから買う」では、初心者はいつまでも初心者のままです。「有名な投資家が推している」ことがわかったら、なぜなのかを企業サイトや決算資料などをチェックして調べる。その上で、株価が上がるのか、リスクはあるのか、今後どのような成長をしそうなのかなどを自分の頭で考える。つまり、重要なのはSNSの先にある情報と判断なのです。あまり表面的な言説だけに振り回されないようにしましょう。

特に、オフ会などでつながりが深い人たちのSNSは、そのオフ会のリーダーや主要なメンバーたちの好きな銘柄によって、考え方や選び方が偏ることがあるので、その辺りはよく頭に入れておいたほうがいいでしょう。類は友を呼ぶ、ではないですが、やはり似たようなタイプの人たちが集まるというのは間違いないです。知らず知らずのうちに、自分もその人たちの影響を強く受け過ぎて、思い込みが激しくなっていないかを冷静に判断できるようにしましょう。

ちなみに、私がツイッターで自分から発信する場合、王様の耳はロバの耳じゃないですが、単純に「モヤモヤしている気持ちをぶつけている」ことが多いです。自分自身の考えが正しいのかどうかわからないので、とりあえずツイートしてみて、気分をスッキリさせて次へ向かうという感じです。

もちろん周りからの反応も期待しています。自分の意見が、ほかの人にどう映るのか。客観的な考えはどういうものなのかを知る手段として、こちらからツイートするということはあります。投資というのは、どうしても1人で黙々と作業しがちになりますから、コミュニケーションの手段として、個人的に楽しんでいる部分があることは確かです。

それと、ツイッターの印象としては、下げ相場になってくると全体に元気がなくなってくる、という感じがします。

わかりやすい例として出しますが、2017年の終盤ぐらいは、仮想通貨についてのツイートがものすごく大量にあり、勢いのあることが誰の目にも明らかでした。が、相場が下がってくると、途端に数が減ってくる。そういった相場の勢いを確認する手段として、ツイッターを使うという方法はあると思います。

## メモ代わりに1単位だけ注文する

前述したように、私が投資家としての熱を取り戻したのは、同じ投資家仲間たちとの交流が増え、刺激を受けたことが大きな要因でした。

こうした交流は、銘柄の情報を収集するのにも、もちろん大変に役立っています。周りの方たちから、いろいろな銘柄を教えてもらうだけでなく、自分のポートフォリオを見てもらうことで、さまざまな意見をもらうことができるからです。投資家としての自分の特徴を相対的につかむきっかけにもなりました。

最近はオフ会などで聞いてよさそうな銘柄があったら、その場で1単位だけ注文したりします。というのも、翌日以降、忘れてしまっていることが結構あるからです。つまり、未来の自分へのメモ代わりというわけです。注文さえしておけば、翌日、履歴を見て思い出すことができます。

これまでも携帯電話のアプリを使ったり、自分の資料の隅に書き留めておいたり、あれこれとやってみたのですが、どうしても見返すまでのタイムラグが発生してしまい、その間に値が上がってしまうようなことがありました。1単位での注文だったら、多くの場合は10万〜20万円。仮に10パーセントほど下がってしまっても1万〜2万円。いい銘柄を買い忘れてしまうことに比べれば惜しくはない、と考えるようになりました。

きっかけになったのは数年前のオフ会で、Hameeという、その後に急成長する成長株を教えてもらったことでした。Hameeは、スマートフォンのカバーやアクセサリーなどを企画販売している会社なのですが、話を聞いたときから業績もよく、私も買いたいなと思いました。が、注文することをすっかり忘れてしまったのです。その後、別の機会にHameeの話題となり、調べてみたら時すでに遅し。もうかなり株価が上がってしまって、私のなかの基準では買えないレベルになっていました。このときの苦い思い出があり、とにかく注文を出しておくようになりました。

余談ですが、同じオフ会のときにトリケミカル研究所という銘柄も教わっていて、こちらは忘れずにとてもいいタイミングで買うことができました。トリケミカル研究所は、山梨県にある半導体の材料などを扱う会社。化学薬品を扱っているため、しばしば火事を起こすらしく、そのときに株価が下がって狙い目になることをオフ会の参加者が教えてくれたのです。ちょうど業績がよくなってくるところで買えたので、こちらはいい思い出になっています。

## サラリーマンは仕事から情報を得られる

私は今、サラリーマンを辞めて投資一本の生活を送っているので、状況は変わってしまいましたが、かつては仕事の合間を縫って日々情報収集にいそしんでいました。本書を読んでいるサラリーマンの方のために、その当時についても記しておきます。

私は移動の多い、外回りの営業マンでした。その時間を有効に使うために、活用していたのがＰＤＡです。決算書をダウンロードして、電車などでチェックしていました。

ＰＤＡは現在かなり減ってしまいましたが、代わりに高性能のノートパソコンやタブレット端末がたくさん発売されています。以前とは比べものにならないくらい、小さくて頑丈ですから、そうしたものを活用するといいと思います。近頃は携帯電話も進化していますから、株情報のチェックに使えると思います。

ただし、会社によっては社内のパソコンチェックが異常に厳しく、勤務時間中に株価チェックしただけでクビになってしまうケースもあるようです。十分に気を付けてください。内勤の人は、やはりトイレなどでチェックするのが無難かもしれません。

サラリーマンの人は投資に費やせる時間が少ない分、基本的には不利です。しかし、サラリーマンであることが有利に働く場面もあります。仕事しながら情報が入ってくるという面です。

これは私も、辞めてからつくづく感じました。投資専門という立場になってしまうと、すべての情報を自ら探しに行かなければなりません。普段の生活のなかで、仕事絡みでちょっと聞いた話というものがなくなってしまうのです。一般のサラリーマンや主婦が何をどう考えるのかという視点も、意識して作り上げなければなりません。私は飲みに誘われたら断らないようにしているのですが、それも多くの人に会って社会の生の情報に触れていたいと思うからです。

# 難しい判断の決定

## 益出しルールは設けない

私が損切りを好まないのは、まともな成長株なら多少の下落は含み益でカバーできるからです。含み益が減っていくことで、信用取引の買い建玉《たてぎょく》（信用取引に買っている株のこと。信用取引については第5章参照）の含み損が増え、追証がくるということはほとんどないはず。少なくとも私の経験のなかでは、あのブラックメイ以外ありません。あのときは特に信用取引を最大限に活用している状態＝フルレバレッジだったこともあり、株価の急な暴落に耐えきれませんでした。ですから、投資配分や信用取引のレバレッジに対する配慮は必要かとは思います。あとは自分の銘柄分析の誤読があった場合だけ、損切りするようにすればいいだけの話です。

利益確定に対しても、厳密に何パーセント上がったから確定する、というような特別なルールは設けてはいません。10倍でも20倍でも、自分の確信がある限り持ち続けています。

## 株式分割は好材料か

株式分割をするとなぜストップ高になるのか？

この疑問はずっと以前から持っていたものでした。信用取引をしている私の立場としては、それほどプラスの要因ではないからです。

解説します。

まず株式分割をすると、親株と新株ができます。このうち、信用取引の対象となるのは親株だけ。たとえ１００万円の株を持っていても、２分割されてしまったら親株の50万円しか保証金の対象にならないのです。昔は、新株が発行されるまで２カ月近くかかっていましたので、新株分の50万円は約２カ月間、保証金の対象にしてもらえませんでした。２分割くらいならまだいいほうですが、５分割、10分割という大型分割になるとかなり大変な状況に陥っていたのです。

おそらく株式分割で高騰というのが一般化されてしまって、そこで利ザヤを稼ごうとする投資家が多いということなのでしょう。

とはいえ、天の邪鬼になって、株式分割だからと何も考えずにすぐ全部売ってしまうと、儲けるチャンスを失うことになってしまうので、とりあえず静観するのがいいと思っていました。

ちなみに、時価総額という切り口から、株式分割を考えるといったいどうなるでしょうか。

もし時価総額がなければ、1株から10株に増えるということは素晴らしいことのように思えます。ところが、時価総額という切り口で見ると、発行株式数が増え、株価が上昇傾向に乗るわけですから、割高感が増してしまいます。

というように、私から見ると株式分割によるストップ高は、とても不思議な現象なのです。

第5章

DAIBOUCHOU式

# 信用取引術

# 信用取引の基礎知識

## 大膨張に信用取引は不可欠

今でこそ比率を抑えめにしていますが、信用取引は投資にとってかなり重要なものだと私は考えています。「資金×パフォーマンス×時間」という、投資の方程式の〝資金〟の部分を飛躍的にアップさせることができる信用取引。もしこれがなければ、資産の大膨張も成功せず、今の私はなかったと思います。そういう意味で、信用取引はＤＡＩＢＯＵＣＨＯＵ式投資の〝肝《キモ》〟と言っていいかもしれません。

世の中には、信用取引という言葉を出した途端、いきなり拒否反応を示す人も少なくありません。そうした人たちに限ってじつは信用取引のことを何も知らなかったりします。

確かに、信用取引は自分が用意している以上のお金を運用するので、リスクが増えます。「儲けが出ている人だけがやるべきだ」と私が口を酸っぱくして言うのも、逆転狙いで高レバレッジをかけるのは危険だと思うからです。しかし、コンスタントに儲けが出ている人なら、信用取引を使わない手はありません。もし、素晴らしいビジネスモデルを持っている会社があれば、銀行からお金を借りてでもそれを大きく展開させるべきだと思いませんか？ それと同じことです。

日本では月収30万円のサラリーマンが家や車をローンで購入しても周囲から眉をひそめられるようなことはないでしょう。将来的に返済できるという〝信用〟を社会が与えているからです。政府が国債をこれだけ発行していても平気なのは、国際社会がその経済力に〝信用〟を与えているからです。

信用取引は使い方を間違えなければ、投資家にとってこの上ない武器になります。その中身をよく理解し、効率のいい投資を行ってください。

## 信用取引の仕組み

これから信用取引を始めるという人のために、基本的な仕組みから説明したいと思います。

まず信用取引には、証券取引所のルールに基づいた制度信用取引と、証券会社の独自ルールに基づく一般信用取引の2種類があります。主流となっているのは制度信用取引のほうです。ここでも、そちらを基本にお話ししていきます。

信用取引は、証券会社に委託保証金、もしくはその代用の証券を担保として預けるとこ

## 信用取引の仕組み

委託保証金
（もしくは代用の有価証券）
証券会社
顧客
信用取引

委託保証金＝50万円、委託保証金率＝30%

50万円の3倍強で売買できるようになる

DAIBOUCHOU's
COMMENT
ただし、信用取引分は
期限内に反対売買で
決済しなくていけません。
期限は6カ月以内が
一般的です。

ろから始まります。私は基本的に株券を担保にしています。委託保証金には最低金額が設定されており、仮に最低委託保証金が30万円なら、それ以上のお金を入れなければ信用取引はできません。また、それを維持できなければ追証が発生します。委託保証金を入れると、各証券会社の委託保証金率に応じて信用取引可能な金額が決定します。委託保証金50万円、委託保証金率30パーセントなら、約150万円まで信用取引可能、といった具合です。信用取引は空売り（現物株を持っていない状態で売りに出すこと）もできますが、私はあまりやりません。

売買に関して期限を設けているのも、信用取引の特徴です。制度信用取引の場合、6カ月以内と定められています。この間に反対売買（買った株を売る、売った株を買う行為）をしないと、証券会社によって自動的に決済されます。

以上が、信用取引の基本的な仕組みです。

## 金利＆手数料にも気配りを

信用取引は「証券会社からお金や株を借りた」ことになっているので、金利がかかります。信用取引で買った株（買い建玉と呼ぶ）にかかる金利を日歩《ひぶ》といいますが、これが通常、年利1〜3パーセント程度も上乗せされるのです。その他、委託手数料、信用管理費、名義書換料など、種々の手数料も取られます。つまり、最低でもこれらのコスト以上のパフォーマンスがなければ、信用取引をしても損をするだけになってしまいます。目安としては、年利10パーセント程度の儲けは必ず欲しいところです。

ちなみに、空売りをする人が大量に出て、株が足りなくなったときには、逆日歩という買い方にうれしい金利が付くこともあります。空売りが多過ぎて足りなくなった株に対して、買い方側に貸しているという扱いになるのです。あえて逆日歩が発生した株を買い建て、金利を狙うという方法もあります。

反対に、売り建てをしている人は日歩を得る権利を持っているのですが、最近は低金利のため、日歩は0パーセントというのが一般的です。

# 信用取引　実践編

## 証券会社の手数料にもバラつきがある

実際に信用取引を始めるとき、最初に悩むのが証券会社の選び方です。

信用取引の口座を開くとき、対面取引をメインにしているような証券会社だと、（主に資産状況に対して）厳しい基準が設けられていることが多いです。ネット証券のほうが、審査もかなりラクですし、ネットや電話面接だけで口座を開けることがほとんどなので、投資資金が少ない人はこちらを狙ったほうがいいと思います。

選択のポイントとしては、最低委託保証金額、委託保証金率、委託手数料などがあります。最低委託保証金額と委託保証金率は、どの段階で追証がくるのか、レバレッジがどこまでかけられるのかという部分に直接関わってくるので、シビアに見極めていきたいところです。

委託手数料も各社バラつきがあり、50万円までならA社のほうが低いが、１００万円以上ならB社のほうがお得、というようなことが結構あります。手数料のなかでもっとも頻繁に課金されるものなので、軽く見てはいけません。

それと制度信用取引のみを行っているという証券会社もあるので、一般信用取引があるのかどうかも、事前に調べておくのがいいでしょう。

メインの信用取引口座を決めたら、念のためにもう2～3社、口座を増やしておくといいと思います。大事なときに、メインにしている証券会社がシステムトラブルなどを起こす可能性があるからです。自分がミスしたわけでもないのに追証、では泣いても泣ききれません。

## レバレッジの計算の仕方

信用取引でレバレッジをどのくらいかけるかというのは、非常に難しい問題です。

私の場合は、暴落相場を生還したという自信と、期待の持てる割安成長株があったので、信用取引によるリスクよりも資産規模を拡大するというメリットを取り、大膨張を実現しました。当時のレバレッジは1：2という、かなり高いものでした。

実際にレバレッジの効果はどう表れるのか。左に計算式で示してみました。

1：2での信用取引とは、元本が1に対し、買い建てが2という意味です。例えば、このまま全体が2倍になったとしましょう。すると当然、元本は2になります。買い建て分は4です。ただし、この買い建て分の4は、半分は信用取引で借りているわけですから、いずれ返さなくてはいけません。つまり、この状態での含み益（確定させてはいないが、信用取引で得ている利益のこと）は、2ということになります。

この状態で信用取引分を返済すると、含み益2が元本に上乗せされます。元本1が、信用取引によって4になったわけです。これがレバレッジをかけたときの儲け方です。

## 回転レバレッジのスゴさ

レバレッジを高くすると損も倍増するので、魅力と言っていいのかわかりませんが、信用取引は回転させると効果が上がります。

例えば、先程の1：2の信用取引が2倍になるという設定下で、仮に50パーセントの時点で回転させたとします。

スタートは元本が1、買い建てが2です。これが50パーセント上昇すると、元本が1・5、買い建てが3に増えます。買い建てはもともと2ですから、含み益は1です。これをいったん、信用返済します。含み益の1が元本に上乗せされますから、合計は2・5です。

この2・5を使って、再び信用取引で買い建てをします。2・5：5にするわけです。

スタートから2倍に増えるということは、50パーセントの時点からさらに約33パーセント

## 回転レバレッジのスゴさ❶　2回転で4倍が5倍になる

**元本1に対し、買い建て2＝1：2の信用取引**

| | | |
|---|---|---|
| 元本 | 買い建て | 買い建て |

そのまま全体が2倍になると……
「元本2：買い建て2＋含み益2」になる。

| | | | | | |
|---|---|---|---|---|---|
| 元本 | 買い建て | 含み益 | 元本 | 買い建て | 含み益 |

ただし、買い建て2＋含み益2のうち、買い建て2は信用返済しなくてはならない。よって、トータルは「2：4－2＝4」になる。

| | | | | | |
|---|---|---|---|---|---|
| 元本 | 利益 | 元本 | 利益 | 信用返済 | 信用返済 |

**これを50％増のタイミングで回転させると……**
1.5：3で一度、信用返済する。

| | | | | |
|---|---|---|---|---|
| 元本 | | 買い建て | 買い建て | 含み益 |

➡ 1.5：3－2＝2.5

| | | | | |
|---|---|---|---|---|
| 元本 | | 利益 | 信用返済 | 信用返済 |

再び、1：2で買い建てる。➡ 2.5：5

| | | | | | | | |
|---|---|---|---|---|---|---|---|
| 元本 | 元本 | | 買い建て | 買い建て | 買い建て | 買い建て | 買い建て |

このまま33％増のところで売れば、
1.33：6 ➡ 3.33：6.65－5＝4.98

| | | | | | | | | | | |
|---|---|---|---|---|---|---|---|---|---|---|
| 元本 | 元本 | 元本 | | 利益 | | 信用返済 | 信用返済 | 信用返済 | 信用返済 | 信用返済 |

回転させることによって、4倍がほぼ5倍にまでアップ！

上がるということです。これを上乗せすると、元本はおよそ3・33、買い建ては6・65になります。含み益は1・65です。

これを信用返済すると、3・33（元本）＋1・65（含み益）ですから、なんと4・98。全体が単純に2倍になっただけだと、4倍にしかならなかった元本が、一度回転させただけで約5倍になるのです。この差が投資の世界において、いかに大きいか。経験者ならずとも、おわかりでしょう。

## 危険なのはやはり「追証」

先程の回転数を増やせば、サイクル投資の効率はもっと上がっていきます。仮に、1・2が2倍になるまでに4回の信用回転を加えるとします。25パーセント増の時点で1回、そこから20パーセント増で2回、さらに17パーセント増で3回、最後に14パーセント増で4回という具合です。結果はなんと6倍になる計算です。

この仕組みは、DAIBOUCHOU式投資の最後のカラクリと言っていいかもしれません。それほど効果が大きいのです。

しかし、この高レバレッジ＋信用回転という荒業は、すぐに追証になってしまうという致命的な欠点があります。含み益を現金化させてしまうのだから、当たり前です。

## 回転レバレッジのスゴさ❷　4回転で4倍が6倍になる

**前ページと同じように、1：2で信用取引開始**

| | | |
|---|---|---|
| 25%増で1回転目 ➡ | 1.75 ： | 3.50 |
| 20%増で2回転目 ➡ | 2.80 ： | 5.60 |
| 17%増で3回転目 ➡ | 4.23 ： | 8.46 |
| 14%増で4回転目 ➡ | 6.00 ： | 12.00 |

**4回転によって、元本が6倍にまで跳ね上がる！**

DAIBOUCHOU's COMMENT

何だか手品のような気がするかもしれませんが、これは簡単な算数ですよ。

普通は、10銘柄持っていたら1つマイナスになっても、残りの9銘柄の含み益でカバーできるので、委託保証金率を下げずに済みます。しかしこの方法は、その保険までを削り取って投資してしまおうという超攻撃的な戦法なわけです。もし急落が起こったら大変です。私がブラックメイで追証になったのも、この理由からでした。

1：2という高レバレッジ投資を私が行うことができたのは、はっきり言って時代的な背景が大きかったと思います。当時は、成長株が今では信じられない割安さで放置されていたのです。もう上がるのを待つだけ、という状況でした。それだけは正直に伝えておきます。

現在の私は、だいたい1：0・1～0・3ぐらいという比率の間で信用取引を行っています。1：2という追証ギリギリの比率を避け、レバレッジをあえて抑え気味にして、攻守のバランスを常に最良かつ最強に保つ。ここも、かつての「サイクル投資法」から「新・サイクル投資法」へと大きく変わった部分です。

## 踏み上げ相場も考慮

空売りが多くなると、買い方は逆日歩がもらえることがあるというお話はすでにしました。これは土日や祝日でも関係なくもらえるので、年末年始やゴールデンウィークなどの

## 踏み上げ相場とは?

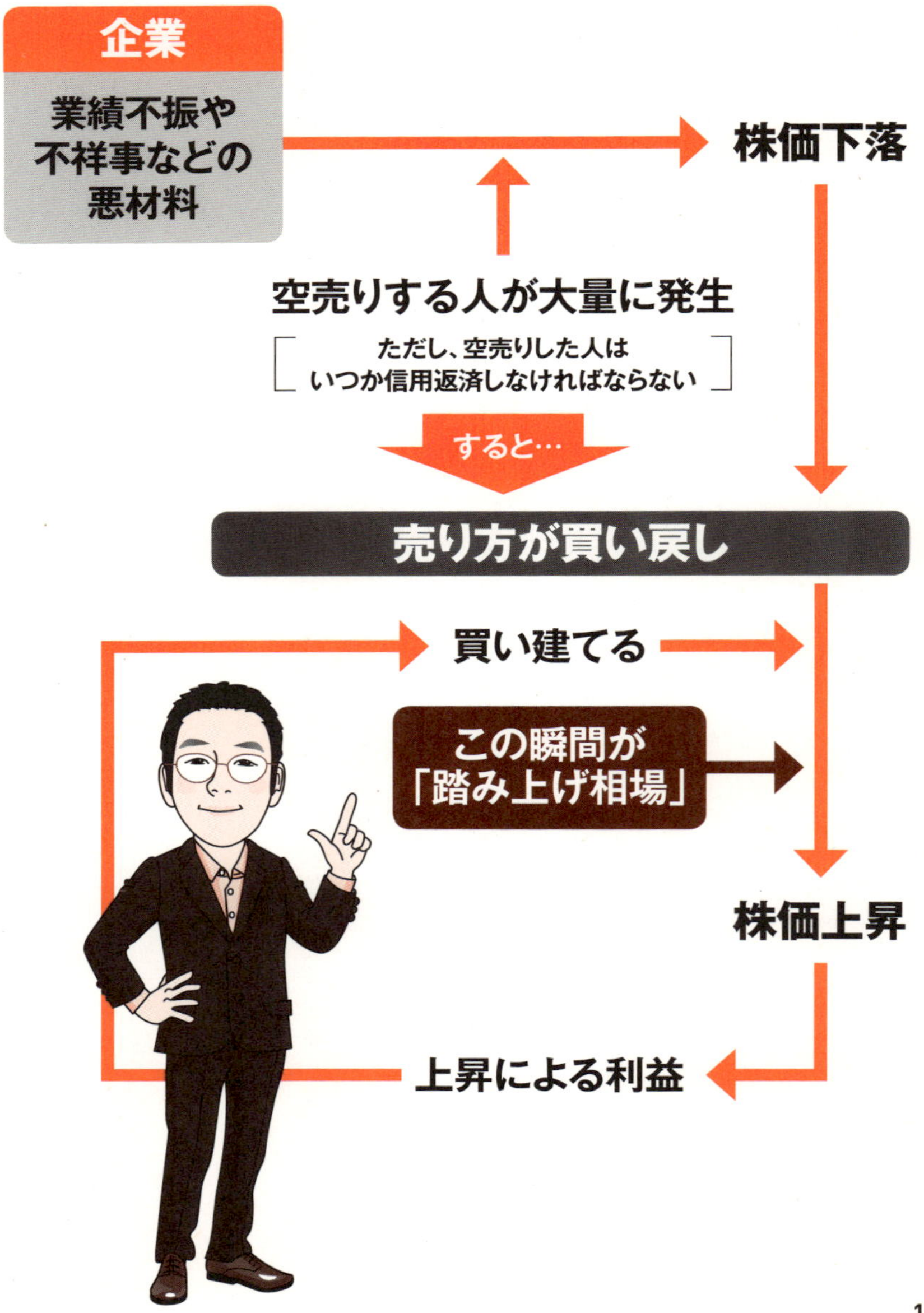
企業
業績不振や
不祥事などの
悪材料
株価下落
空売りする人が大量に発生
ただし、空売りした人は
いつか信用返済しなければならない
すると…
売り方が買い戻し
買い建てる
この瞬間が
「踏み上げ相場」
株価上昇
上昇による利益

時期はかなりおいしい思いができます。

しかし、この過剰な売り建てが起こっているときに本当に狙いたいのは、買い戻し需要による株価上昇です。これを踏み上げ相場といいます。

売り建てをした人たちは、いずれ買い戻さねばなりません。過剰な売り建てがあれば、いつか過剰な買い戻しが起きます。

もちろん、売り建てをしている人がそれだけいるのですから、その銘柄には悪材料が多いはずです。業績の下方修正、ビジネスモデルの崩壊、規制緩和、不祥事……空売りが起こる理由はいくらでもあります。しかし、一般投資家の売買判断は、外れることも多いのです。本当に悪材料があったとしても、そこで出尽くして急回復する企業も珍しくありません。そこで踏み上げ相場を狙うという発想が出てきます。

じつは、私がかつて主力銘柄の1つにしていたアーバンコーポレイションという銘柄にも、過剰な売り建てによる逆日歩が発生したことがあります。同社が不動産流動化事業にシフトし、業績も急上昇していた頃でした。株価は2004年だけで、6倍ほど上がっていました。

なぜ、そのアーバンコーポレイションに逆日歩が起こるのか。私には不思議で仕方ありませんでした。これはあくまで想像の範疇《はんちゅう》ですが、右肩上がりのチャートを見たテクニカル派がこの勢いはやがて衰え急落する、と勝手に判断したのではないでしょうか。でなければ、事業シフトもビジネスモデルもうまくいっていた同社に、逆日歩が起こるはずはないのです。

事実、それを評価する投資家は多く、株価はまだ割安だといわれていました。結果、順調な株価上昇に空売りをした人たちの踏み上げ相場が相まって、アーバンコーポレイションは大きな儲けを生んでくれました。こうしたことが市場では実際に起こるのです。

ただし、踏み上げ相場だけをアテにした買い建てはやめたほうがいいと思います。本当にどうしようもない、空売りされて当然の銘柄かもしれないからです。

悪材料というものは、別の悪材料を呼ぶ傾向があります。1つの不祥事の発覚が、企業全体の体質問題にまで発展するケースなどは、その典型です。

信用取引はハイリスク・ハイリターンが原則ですから、安易なスケベ心で手を出すのは避けたほうがいいでしょう。

## 破産は現実に起こる

私は信用取引を始めるには年利10パーセントの利回りが欲しいと言いました。では、儲かっていない人が信用取引をやるとどうなるか。シミュレーションしてみますので、頭の

## あまり考えたくはないが…… 破産シミュレーション

### 資産100万円、年利マイナス10％の人が……

| 通常の取引をしていれば、 | 1：2（300万円分運用）の高レバレッジで信用取引してしまうと、 |
| --- | --- |
| 1年目＝90万円 | 1年目＝270万円 |
| 2年目＝81万円 | 2年目＝243万円 |
| 3年目＝72万9000円 | 3年目＝218万7000円 |
| 4年目＝65万6100円 | 4年目＝196万8300円 |
| －34万3900円 | 元本－損失＝3万1700円の赤字 |

**300万円－196万8300円**
**＝103万1700円の損失**

**元本の100万円を上回る損失で、ご破算！**

実際には、
その前に最低委託
保証金が維持できず、
追証になる

DAIBOUCHOU's
COMMENT

信用取引は
マイナスも大膨張させて
しまうことに
注意しましょう。

片隅にでも置いておいてください。

年利マイナス10パーセントの人が、1：2の信用取引に手を出したとします。元本が100万円、全体で300万円の運用です。すると、4年目で約196万円まで減り、マイナス約104万円の計算となってしまうため、元本割れで破産します。普通に年利マイナス10パーセントで運用していれば、4年目ならまだ65万6100円も残っていたのに、です。

実際の信用取引には、これに日歩などの手数料がかかってきます。破綻する前に追証が発生して、取引の継続ができなくなります。

私は、信用取引が安全確実だと思っているわけではありません（過度に警戒する必要もないとは思いますが）。また、そういう言い方をみなさんにするつもりもありません。自分がそれを行える力量とタイミングを手にした、と思えるときに活用してほしいと思います。

# 信用取引のケーススタディ

## 追証は誰でも恐ろしい

信用取引をやっている人にとって、追証ほど恐ろしいものはありません。いきなりの追証は誰でもパニックになると思います。私もブラックメイのときは、大慌てになりました。私は２つの証券会社から同時に追証が発生しました。片方は入金せずとも、返済すれば保証金率が改善して、追証が回避されるのですが、厄介だったのはもう一方の会社です。そちらは金額的に５００万円ぐらいだったのですが、入金が必要ということで、消費者金融で一生懸命つまんで入金して、すぐに下ろして返済、ということをしました。１週間も借りていなかったので金利はほとんどかかりませんでしたが、冷や汗の出る経験でした。

最近は追証になったことがないのですが、現在は全体にルールが変わり、売って保証金率を回復できれば、入金しなくても大丈夫というふうになっているようです。例えば、５００万円の現金で１０００万円の信用を立てていたとします。そこで相場が下がって追証が発生しても、１０００万円の信用取引のうち５００万円分を売って保証金率を回復すれば、ポジションは減るものの、追証は回避できるというわけです。この辺りは、とても重要な部分なので、各証券会社に必ず確認しておきたいところです。

## 売買はなるべく信用取引を使う

現在の私は、信用取引の割合をずいぶんと減らしていますが、以前はすべての売買を信用取引で行っていました。理由は、現金を持たなくて済むからです。現物を買おうと思ったら、現金が必要です。何か買おうとするたび、いちいち持ち株を売らなければならないのです。それはムダが多いので、信用枠の範囲内で買っていたわけです。

そして6カ月以内に、あまり含み益が出なかったものだけを売って現金化させます。含み益が十分に出ているものに関しては、現引き（現金で株を引き取ること）します。もちろん、6カ月後に反対売買して継続する銘柄も多いです。

## 税金を取られ過ぎないために

株の儲けが多くなると、気になりだすのが税金です。

課税を少なくするためには、なるべく含み益の多い銘柄を現物として持つようにすべきです。確定を来年以降に留保することによって、運用資金を積極的に増やすことができるからです。そのためにも、信用取引はやはり必要です。

例えば特定口座において、現物で、10万円のとき10株、20万円のとき10株、30万円のとき10株、買ったとします。すると、平均をとって20万円30株という扱いになってしまいます。ところが、信用取引はこれがバラバラに扱われるわけです。株価が30万円の時点で10株売りたいと思ったとき、30万円の株だけを選んで売却すれば、譲渡益ゼロで売れるのです。その分、課税が安くなります。

## 資産膨張率とレバレッジ

最後に、資産の大膨張を狙うための、年利とレバレッジの関係について、私のなかの目安をお話ししておきましょう。

年利10パーセントというのは、あくまで信用取引にチャレンジする最低ラインです。実際はそれ以上の運用をしている人もたくさんいることでしょう。

私は年利50パーセントだったら、レバレッジも50パーセントぐらいに引き上げて大丈夫だと考えていました。年利１００パーセントだったら、レバレッジも１００パーセントです。

資産との関係ですが、仮に２００万円で始めた人なら、資産が３００万円ぐらいになった時点で信用取引を始めるのがベストかと思います。100万円は損できるわけですから、かなり余裕はあるはずです。400万円まで引っ張ると、少し時間をかけ過ぎのような気がします。

基本的な考え方としては、レバレッジは資金が少ないときに高く、資金ができてきたら下げていくというのがいいでしょう。1億円の資金でフルレバレッジをかけてしまうと、最悪1000万円ぐらいの負債を抱える可能性が出てきます。資産がすべてなくなって、1000万円の借金ですから、下手をすれば自己破産です。

これが100万円なら話は違います。10万円ぐらいなら、すぐに取り返しがつくからです。50万円でも、普通のサラリーマンなら何とかできる額です。資金が少ないほうが大きな勝負に出ることができ、被害も少ないわけです。

これは意外に盲点なので、しっかりと理解しておいたほうがいいと思います。

# 信用取引のまとめ

## 売買は信用取引分でやる

メリット＝ 現金を持たなくて済む。
手持ちの銘柄を売らずに、新しい株を買える。

## 信用取引で売ったほうが税金が安く済む

10万円で 10株購入
20万円で 20株購入
30万円で 30株購入

現物だと平均20万円30株という扱いになるが、信用取引なら30万円で購入した10株だけ売ることができる（＝利益確定が少なくて済む）。

## 資産膨張率とレバレッジの関係性

最低でも年10％以上の利益が必要。

目安としては、
年 50％膨張 ➡ レバレッジ 50％
年100％膨張 ➡ レバレッジ 100％

資金が少ないときは高レバレッジ、
資金が増えるにしたがって
低レバレッジへ移行するのが基本。

# DAIBOUCHOU 株式投資年表

| 時代 | 年月 | 出来事 |
|---|---|---|
| 投資家スタート 時代 | 2000年5月 | **株式投資スタート。手始めにトヨタカローラ岐阜を購入**<br>すべてはここから始まりました。 |
| | 2000年秋頃 | **サミー株のネット掲示板を通して、投資家の仲間たちと出会う**<br>仲間ができたことで、モチベーションが維持できました。 |
| 不動産＆IT逆張り時代 | 2002年2月 | **この頃から不動産株投資を始める**<br>アーネストワンなど、新興デベロッパーの存在を知った頃です。 |
| 不動産×信用取引時代 | 2003年5月 | **信用取引を開始**<br>追証ギリギリの高レバレッジで集中投資に出ました。 |
| 信用取引 時代 | 2004年3月 | **不動産流動化関連銘柄への移行を始める**<br>高い成長性は、乗り換えを考えるのに十分なものでした。 |
| | 2004年5月 | **ブラックメイの悲劇が起こる**<br>その直前まで資産は2億4000万円まで達していたのが、あっという間に9000万円に……。この後、信用レバレッジを1：0.5まで下げました。 |

日本株×外国株投資 時代　流動化×

2005年5月
**不動産流動化ブームが到来**
順調過ぎるほど順調に、各社の業績も株価も上昇。安心感も出たので、信用レバレッジを1：1に戻しました。

2005年12月
**大台の10億円を突破する！**
年末の高騰は、驚異的なものでした。資産は、まさに大膨張しました。

2006年1月
**ライブドア・ショックの影響で資産半減**
10億円の資産が、気付けば半分の5億円にまで減っていました。

2006年春頃
**中国株に進出**
割安で成長が期待できる外国株を買い始めました。ここから資産は6億5000円ぐらいまで回復します。

2007年1月頃
**ベトナム株に進出**
前月に口座開設手続きはしていたのですが、投資を始めるまでに少し間が空いてしまいました。

2007年2月
**結婚して人生のパートナーを手に入れる**
伴侶ができたことで、資産を守ることも考えるようになり、投資に対する姿勢も変わっていきました。

株ノーポジ 時代

分散投資×セクター集中 時代

**2008年2月頃**

**ベトナムのインフレに伴い、外国株から撤退**

ベトナム株を何とか売り払い、中国株からも手を引きました。

**2008年9末月頃**

**すべての資産を現金化する**

REITに投資するも、リーマン・ショックの影響もあり、一度すべての資産を現金化しました。

**2008年12月**

**不動産投資に挑戦する**

港区にある中古のマンションを8500万円で1棟買い。株は何も持っていない（いわゆるノーポジ）状態。アメリカの社債を2500万円ほど購入しました。

**2010年春頃**

**株式投資を再開**

中国とベトナムのファンドから戻ってきた現金を元手に、再び株式投資を始めることにしました。

**2010年冬頃**

**株主優待株をメインにする**

底値が固いと判断した、優待株を中心に投資していた頃です。

**2011年1月頃**

**ドラッグストア関連銘柄へ移行**

成長銘柄の多いドラッグストア関連に、セクター集中するようになっていきました。

## 分散投資×信用取引 時代

### 2013年8月

**投資セミナーがきっかけで、新しい株仲間たちと出会うようになる**

新たな出会いは、投資家としての転機となりました。現在でも交流関係を広く持つように心がけています。

### 2016年6月

**信用取引を再開**

大膨張に欠かせない信用取引。この頃、ようやく自分のなかで再開の目処が付きました。

### 2018年6月

**理想のポートフォリオに近付く**

攻守のバランスが取れた資産形成ができてきました。これからも、もっと完璧なポートフォリオを目指していくつもりです。

株を始めて18年、
専業になって14年、
辛くも楽しい
投資一本の
人生でした。

# おわりに

前著『5年半で資産500倍！ DAIBOUCHOU式サイクル投資法』の発売日は2006年1月30日でした。ライブドアが東京地検に強制捜査を受けて、中小型株の相場が暴落した直後です。当時は、資産や利益に対する割安さに着目するバリュー投資に比べて、細かな値幅を取るデイトレードが人気でした。一般人にとって株式投資とはデイトレードであり、株式投資で儲かって専業投資家になったと言うと、いつもデイトレーダーだと勘違いされました。

そんなデイトレード人気のなか、私は「投資成果=資金×パフォーマンス×時間」の掛け算を徹底的に考え抜きました。投資資金を増やすために信用取引を活用し、利益成長が驚異的だった不動産株に集中投資して、投資資金とパフォーマンスを向上させた結果、短期間で驚異的な投資成果を達成しました。その成果を著書で披露することで、デイトレードとは違う株式投資をアピールできたと思います。

その後、アローヘッド（東証次世代売買システム）や超高速アルゴリズム取引でデイトレードが通用しにくくなり、最近はビジネスモデルや業績の財務分析などファンダメンタルズを重視した株式投資で成功した投資家が目立つようになりました。株メディアにも、実際に株式投資で成功された個人投資家が多く登場し、有益な投資情報を読むことができるようになりました。

株式投資をメディアで語ると、上昇相場では儲けを妬まれて、下落相場では株式投資で損した人から文句を言われて、デメリットも多いです。それでも私が株式投資のよさを訴えるのは、今の日本人には株式投資が必要であり、そのために私の18年間の株式投資での経験を語ることが役に立つと考えているからです。

定期預金で何パーセントも金利が得られた時代なら定期預金で十分でしたが、今は雀の涙ほどしかもらえません。金融商品の投資利回りも親の世代とは大きく変わりました。給料はそう簡単には上がりません。収入が増えないなか、子供の教育費や老後の生活費など、お金が必要なのは変わりません。

この現状を解決できる手段の1つが株式投資です。さまざまな投資商品を調べた結果、日本人に一番有利だと思うのが日本の中小型株投資です。日本に住み、日本語が読めて、日本の実情がわかるという日本人には当たり前のことも、外国人に比較してみたら有利な立場なのです。また、日々の取引量が少ないため、機関投資家が容易に参入できない点も個人投資家には有利です。個人投資家は、タイミング、投資期間、投資商品、資金量、すべて自由な判断で売買できる有利な立場にいます。会社の方針や上司の指示もありません。その特権を生かして、自分が一番有利な土俵で戦えば、強力な機関投資家とも互角に戦うことができるはずです。

「投資成果＝資金×パフォーマンス×時間」の掛け算は、勇気と努力と時間の掛け算と言い換えることもできます。パフォーマンスの向上を目指すため努力するのが一般的な投資方針ですが、投資資金を増やす勇気も同じくらい重要です。月３０００円の少額投資では、アベノミクス相場がきても、株価10倍のテンバガー株に投資できても、大きな成果は得られません。私はリスクを覚悟の上、信用取引に挑戦して成功しましたが、投資資金の重要性を強く意識した結果です。

投資資金を増やすには、金融リテラシーを向上させ、無駄遣いをなくして、投資資金を捻出することが地味ですが非常に有効です。多くの投資家は、億単位の資産を築いたのに質素な生活を続けます。節約で投資資金を捻出し、複利で増やすことが好きだからです。株の期待利回りは一般的に7パーセントですが、７パーセントを複利で増やすと今の１００万円が10年後には２００万円になるのです。だったら、今、１００万円を使わずに10年間運用すれば２００万円に化けるというのが複利の発想です。ただ、２００万円に増えたあと、さらに複利で増やそうとしてずっと使わないのも投資家の悪いクセです（笑）。

投資期間という時間の概念も重要です。1年で資産を2倍にするのは困難ですが、10年で2倍なら年率7パーセントで増やせば大丈夫です。単利だと年10パーセントの利益が必要ですが、複利だと元本に利益が蓄積されて増えることで利益も増えるため、年率7パーセントで達成できるのです。若いうちに株式投資を始めたほうが複利効果で増やせる分、有利なのです。株式投資のスキルは一生モノで定年もありません。死ぬまで株式投資で資産を増やせます。


そうは言っても、上昇相場もあれば下落相場もあります。長期的には右肩上がりになる構造とはいえ、多くの投資家がリーマン・ショックで大損して退場しました。2006年以降、サブプライム問題で信用収縮が起きて、外資を中心に投資マネーが引き上げて、不動産市況が急速に悪化し、多くの不動産会社が経営破綻しました。現在の不動産市況を見る限り、当時の極端に保守的な不動産評価は間違っていたし、異常な銀行の融資態度が経営破綻を加速させたと思います。

残念ながら、これほど不動産会社の業績が悪化することを私は予想できませんでしたが、不動産会社の経営者でさえ予想できない異常事態でした。その後、リーマン・ショックがとどめを刺し、日経平均株価6994・90円という歴史的な安値まで暴落しました。

不動産株を信用取引で投資していた私は、多くの経営破綻した不動産会社と同様、相場の露と消える運命で、二度と投資家として表舞台に立てないレベルに陥る可能性もありました。実際に、前著が発売された時点のポートフォリオをそのまま保有し続けていたら、破産する恐れもありました。しかし、そのような急激な下げ相場のなか、私は2007年に結婚して、自分の人生に大きく影響を受ける人ができたあと、資産を増やす効率性だけでなく資産を守る守備力を意識して難を逃れました。

ライブドア・ショックで信用取引を減らし、不動産株の成功で得た資産を中国株やベトナム株にも分散投資しました。サブプライム問題のあとは中国株やベトナム株を売却してJ-REITなどリスクが低い投資先にシフトして、リーマン・ショックの直前には妻のアドバイスを聞き、すべて現金化しました。最終的に資産を守ることができたのは妻のおかげであり、妻には大変感謝しております。

継続的に株式投資を続けるには、株式投資に対する家族の理解が重要です。また、下げ相場でも不機嫌になったり、他人に当たったりしない安定したメンタルを鍛えることも大事だと思います。株式投資は生き残ることが大切で、暴落後には売られ過ぎたお宝株がたくさんあるのでいくらでも復活できます。

分散投資を意識し過ぎて、中国株、ベトナム株の未公開株ファンドに手を出し、リーマン・ショックのときにそのファンドを現金化することができず、絶好の投資チャンスを逃す失敗もしました。百発百中の投資はありません。でも、失敗には教訓になることが多く、その失敗を反省して株式投資の向上に生かせれば失敗にはなりません。

アベノミクス相場では、本書にある信用取引をフル活用した「サイクル投資法」を実践すれば大儲けできたと思います。投資家としては、家を売ってでも投資資金を調達して、株式投資に人生を捧げるべきでしたが、リーマン・ショックを経験して株式投資の目的や、人生と株式投資の関係について考えさせられて、失敗しても人生がダメにならない安全な範囲で株式投資をするという投資判断をしました。それでも、株に投資した資産5000万円が6倍の3億円になる成果となり、十分な投資成果を達成できたと思います。不動産資産を3億円とすると合計6億円となり、2007年頃の資産に回復させることができました。

「リーマン・ショックで苦労したのに、株式投資を続ける理由は何ですか」とよく聞かれます。大暴落のリスクがあるとはいえ、会社が利益を稼ぐ以上、長期的には株価が上昇することは明白だという理由もあります。しかし、株式投資への知的好奇心や、株式投資そのものの奥深さが面白く、それを株仲間と切磋琢磨しながら情報交換するのが楽しいという理由もあります。日経新聞を競馬新聞のような感覚で楽しく読めますし、無機質に見える株価から、投資家の会社や事業への想いを読み、その成果でお金を稼ぐのは最高の知的ゲームでもあります。

投資家には、数億円レベルで満足するタイプと、10億円を超えても信用取引をやめないタイプの2種類がいて、私はよくも悪くも前者のほうです。使いきれない資産を増やすことよりも、リーマン・ショックのような大暴落が起きても何とか生活できることを優先してしまいます。そんな私を奮い立たせてくれたのが、アベノミクス相場で信用取引を活用して大儲けされた個人投資家のｗｗｗ９９４５さんや今亀庵さんたちです。彼らをはじめとしたたくさんの株仲間とオフ会で話し、少しでもパフォーマンスを向上させたいと努力し、２０１６年のブレグジット（イギリスのＥＵ離脱）のときに信用取引を再開しました。トランプ相場も手伝い、2年間で約2倍という投資パフォーマンスを達成できて、やはり私には信用取引が必要だと再確認しました。

これからも株式投資への挑戦を意欲的に続けていきたいです。株式投資に出会えたこと、不動産株投資で成功したこと、リーマン・ショックを生き残れたこと、今も株式投資が継続できること、すべてに感謝しています。辛いときも精神的に支えてくれた妻や家族、再び著書出版の機会を与えてくれた宝島社、私の株式投資の向上の役に立つ投資情報を与えてくれる株仲間のみなさま、私の投資先の経営者と従業員のみなさま、有益な投資情報を提供されている株メディアのみなさま、いつもありがとうございます。

本書は表紙の炎と同様、火傷をする危険性はありますが、うまく使えば人生が変わるほどの力を持っています。少なくとも、私の人生は激変しました。火傷が怖いから株式投資はしないというのは人生の損です。人類が炎を利用してから進化が加速したように、ぜひ、本書の情報を生かして、株式投資で自分の未来をよりよく変えてほしいと思います。

この本をご購入いただいたすべての読者のみなさま、本当にありがとうございます。この本を読まれたすべての投資家が株式投資に成功し、資産が大膨張することをお祈り申し上げます。

２０１８年６月吉日　　ＤＡＩＢＯＵＣＨＯＵ

## DAIBOUCHOU（だいぼうちょう）

投資家。1973年生まれ。東京都在住。2000年5月に株式投資開始。ITバブル崩壊時の暴落を資産バリュー株で回避し、不動産株への逆張り投資で、2004年10月に資産1.5億円を達成。専業投資家になる。一時期は10億円を超える資産を運用。リーマン・ショック後、資産減少をきっかけに安定重視の分散投資スタイルにシフト。現在はその投資経験や知見を個人投資家に伝え、株式投資の成功者を増やすことがライフワーク。フィスコソーシャルレポーター。趣味はワインと嵐のライブ鑑賞。

STAFF

編集：宮下雅子（宝島社）
編集協力：津久井幹永／大竹崇文
ブックデザイン：鈴木貴之
DTP：有限会社エムアンドケイ
イラスト：村野千草

# DAIBOUCHOU式
# 新・サイクル投資法

2018年7月27日　第1刷発行

著者　DAIBOUCHOU
発行人　蓮見清一
発行所　株式会社 宝島社
〒102-8388
東京都千代田区一番町25番地
電話 [営業]03-3234-4621
　　 [編集]03-3239-0646
http://tkj.jp

印刷・製本　サンケイ総合印刷株式会社


Printed in Japan
ISBN978-4-8002-8523-2